Cuisine Actuelle
de l'Afrique Noire

REMERCIEMENTS

Les auteurs remercient tous ceux et celles qui ont contribué à finaliser cet ouvrage en acceptant de tester certains plats. Leur disponibilité, leurs commentaires nous ont permis d'être plus précis pour la présentation des recettes.

MERCI DONC À :

Vicky Bella, Guylain Chevrier, Gilles Delbos, Géraldine Kornblum, Swad Mékali, Zelda Meyer, Thierry Piquot, Lamine Sila, Brigitte Tabuteau, Françoise et Gilles Taran, ainsi qu'à toute l'équipe du restaurant : Rio dos Camaraõs, 55 rue Marceau, 93100 Montreuil. Tél. : 01 42 87 34 84. Site web : www.riodos.com

Nous tenons à adresser des remerciements particuliers à GILLES DELBOS, photographe, qui nous a remis certaines photos qu'il a réalisées au Cameroun afin de monter, avec Alexandre Bella-Ola, une exposition intitulée « Cuisine d'Afrique ». Cette exposition a été présentée à Paris, Montreuil, Vincennes et Boissy-Saint-Léger, entre 1999 et 2002.

MAQUETTE INTÉRIEURE ET COUVERTURE : Natacha Kotlarevsky

ÉDITION : Laurence Dumoulin

ISBN 2-87691-819-6

Dépôt légal : 4e trimestre 2003
Imprimé en Espagne.

Nous nous efforçons de publier des ouvrages qui correspondent à vos attentes et votre satisfaction est pour nous une priorité.
Alors, n'hésitez pas à nous faire part de vos commentaires :

EDITIONS GÉNÉRALES FIRST
27, rue Cassette, 75006 Paris – France
Tél. : 01.45.49.60.00 Fax : 01.45.49.60.01
e-mail : firstinfo@efirst.com
En avant-première, nos prochaines parutions, des résumés de tous les ouvrages du catalogue.
Dialoguez en toute liberté avec nos auteurs et nos éditeurs. Tout cela et bien plus sur Internet à : www.efirst.com

Cuisine Actuelle de l'Afrique Noire

PLUS DE 60 RECETTES FACILES À RÉALISER

Alexandre BELLA OLA, chef cuisinier
Joëlle CUVILLIEZ, journaliste
Jean-Luc TABUTEAU, photographe

Sommaire

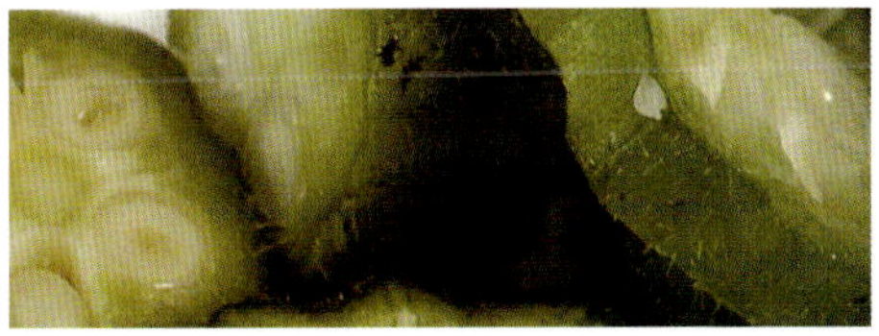

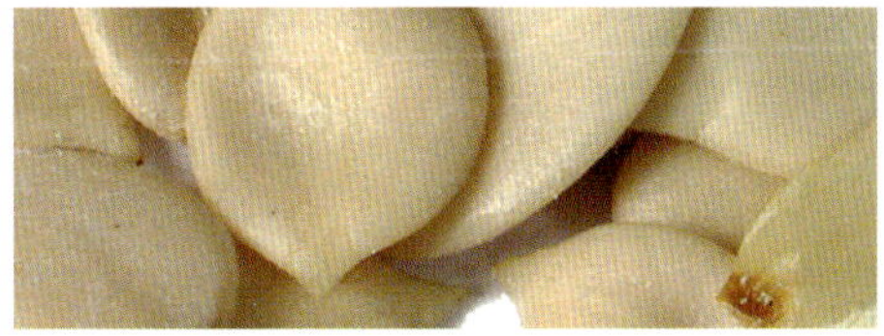

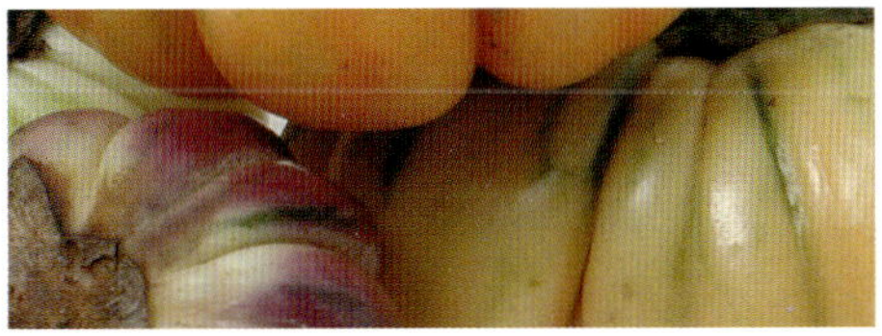

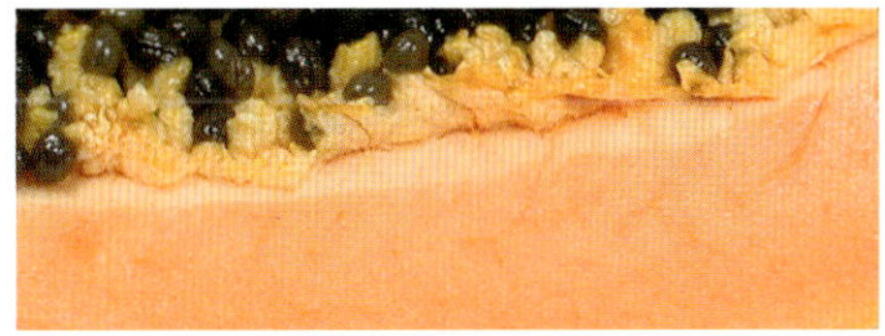

Table des recettes

Dans cet ouvrage, à chaque recette est associé un degré de difficulté : : FACILE; : ASSEZ FACILE ; DIFFICILE :

Entrées et apéritifs

Viandes

Poissons et crustacés

Plats végétariens

Accompagnements

Desserts

Introduction

L'Afrique Noire, cet immense continent de cinquante pays a, comme partout ailleurs, une histoire : politique, culturelle, sociale, linguistique et alimentaire. Or, les pratiques culinaires de l'Afrique restent, pour les Occidentaux, l'un des aspects les moins connus de son histoire. Cette méconnaissance va généralement de pair avec l'idée reçue que la cuisine africaine est une cuisine rustique, traditionnelle et donc inaccessible au-delà de ses frontières.

Il faut oublier les images d'Épinal : l'Afrique, comme tous les autres continents du globe, a depuis longtemps fait son entrée dans la modernité. C'est là l'objectif principal de ce livre : nous souhaitions démontrer que des recettes traditionnelles peuvent être réalisées dans un contexte moderne, en France comme ailleurs. À Brazzaville, Abidjan, Lomé, Conakry..., les restaurateurs proposent aujourd'hui à leurs clients une cuisine préparée dans les délais imposés par les cadences de la restauration et par les exigences du monde du travail et des nouveaux rythmes liés

à un mode de vie contemporain. Les cuisinières africaines ne passent plus autant de temps dans leurs cuisines que leurs grands-mères. De nombreux produits de base sont vendus manufacturés.

Tout comme en France. Le meilleur moyen pour se convaincre que la cuisine africaine est facile à réaliser, bon marché, savoureuse et accessible à tous les amoureux de la bonne chère, est de se mettre aux fourneaux. Les ingrédients nécessaires à la préparation des plats, les fruits et légumes « exotiques », les pâtes ou sauces se trouvent chez tous les épiciers chinois, africains ou arabes des grandes villes, dans les épiceries ou les marchés spécialisés, voire dans de nombreux hypermarchés.

Trouver les produits n'est pas un problème. Du fait qu'ils sont vendus manufacturés et prêts à l'emploi, le seul temps dont il faut tenir compte est celui indiqué pour la préparation et la cuisson de chaque recette. Une cuisine moderne et normalement équipée fera le reste... avec un zeste de curiosité et une pincée de gourmandise.

Ce livre ne propose pas de création, de « cuisine-fusion », mais des recettes de terroir, à l'exception de quelques desserts. Ces recettes viennent essentiellement des pays de l'ouest et du centre de l'Afrique. Nous avons tenté de couvrir le champ géographique le plus large possible mais les limites imposées par le nombre de pages de cet ouvrage nous ont contraints à des omissions. Si certains pays ont été négligés, il ne s'agit pas d'un oubli partisan mais d'un choix malheureusement arbitraire, comme le sont tous les choix.

La cuisine, comme le langage, évolue, se déplace, s'adapte, montrant ainsi sa vitalité. Un plat, originaire de telle région, pourra se décliner de mille et une façons d'un pays à l'autre, d'une région à l'autre, d'une famille à l'autre. Il se métissera avec d'autres plats, substituera tel produit d'origine un autre produit.

Là encore, nous n'avons pu présenter qu'une seule version de chaque recette.

Nous avons tenu à proposer quelques entrées et desserts dans cet ouvrage pour satisfaire l'envie ou le besoin de nos lecteurs de préparer un « repas complet ». Il faut cependant savoir que dans la gastronomie africaine, le repas est en général composé d'un plat unique accompagné d'un ou de plusieurs légumes et céréales. Nous avons tenté d'expliquer de la manière la plus exhaustive possible les techniques de préparation de ces légumes qui deviennent « pâte », « sauce », « galettes »...
Attention ! La terminologie française de ces termes culinaires ne recouvre pas du tout la même réalité en Afrique. La sauce de graines de courge est un plat en soi, la pâte d'arachide n'a rien à voir avec une pâte feuilletée ou la pasta italienne. Nous avons, autant que faire se peut, donné un aperçu de l'histoire de ces termes, de leur origine, de leur particularité linguistique.

Pour qu'à la saveur des plats se joigne, pour le lecteur, celle de quelques connaissances de la richesse du continent africain.

L'ARACHIDE

Appelée cacahuète ou pistache de terre, elle tient son nom du mot aztéque « tlacacahualt ».

L'histoire veut qu'elle ait peut-être deux origines : on a retrouvé sa présence jusque dans la tombe des Incas et, en Chine, on a découvert des arachides fossilisées vieilles de 100 000 ans. Cette sympathique légumineuse tropicale fut découverte au XVe siècle par les navigateurs espagnols et portugais, elle suivit l'expansion de leurs comptoirs commerciaux jusqu'en Afrique et aux Philippines. Et c'est pendant la période de la traite des Noirs que les esclaves africains la ramenèrent en Amérique.

De nos jours, l'arachide est un produit de consommation courante au quatre coins de notre planète. Riche en matières grasses, hydrates de carbone, protéines, potassium et vitamine E, sa culture exige peu d'eau. Près de 80 % de sa production mondiale vient des pays en voie de développement. Ses graines sont le plus souvent consommées grillées, pressées pour l'huile alimentaire ou sous forme de pâte ou de gâteaux cuits à l'étouffée dans des feuilles de bananiers. En Afrique, les variétés d'arachides sont différentes d'une zone climatique à l'autre. Cette légumineuse s'adapte à tout type de climat et peut pousser dans des zones arides. Au Niger et dans le nord du Cameroun, les musulmans épaississent leur bouillie de maïs avec des arachides pilées pendant la période de ramadan pour ne pas avoir faim au cours de la journée. Le menu du déjeuner très économique des commerçants bamiléké (habitants du Cameroun) se compose d'une demi-baguette et d'une poignée d'arachides grillées ou d'un bol de tapioca avec des arachides grillées.

« Ceux qui ont une poêle à frire n'ont pas d'arachide,
ceux qui ont des arachides n'ont pas de poêle à frire. »

PROVERBE KONGO*,
À PROPOS DE LA MALCHANCE

* Peuple du sud du Congo, de l'ouest de la République Démocratique du Congo et du nord de l'Angola.

MISE AU POINT SUR L'ARACHIDE

ARACHIDES AVEC COSSES

ARACHIDES DÉCORTIQUÉES

ARACHIDES MONDÉES

PÂTE D'ARACHIDE

ZOOM SUR

le mafé

Le mot *mafé* tel qu'on le connaît en Europe est originaire du Mali. Il signifie « sauce » en langue bambara. Le mafé n'est pas un assaisonnement mais un ragoût de viande ou de poisson dans une sauce à l'arachide. Il se cuisine de mille et une façons.

On le retrouve dans toute l'Afrique Noire, sous une infinité de formes, plus épicé ici, plus liquide ou léger là. Son goût change du tout au tout selon qu'on le prépare avec des légumes, du poisson, du poulet ou du bœuf. Sa texture changera également si l'on y ajoute des gombos qui se lient bien à la sauce.

Tout comme la recette varie d'une ethnie à l'autre à l'intérieur d'un même pays ou d'un pays à l'autre, son nom change. Par exemple, il devient « moambe » au Congo, « nfiang owondo » au Cameroun.

La sauce à base de pâte d'arachide est très populaire en Afrique Noire car elle est bon marché et, par conséquent, à la portée de toutes les bourses, grandes ou petites. Mais dans les villages, tout est fonction de l'importance de la récolte. Si celle-ci est bonne, les cuisinières peuvent préparer des sauces à base de pâte d'arachide chaque jour.

Il faut savoir qu'en Côte d'Ivoire, l'arachide se glisse dans toute la cuisine, y compris dans le potage ou les entrées. Son huile parfume viandes et poissons. La sauce à base de pâte d'arachide,

mélangée à la tomate et au piment, est évidemment très présente dans la gastronomie ivoirienne.

Elle constitue un repas complet à elle seule puisqu'elle est extrêmement nourrissante. Elle apporte sur le plan nutritionnel protéines, glucides, acides gras, vitamines... On la mange généralement avec du riz mais tous les légumes tels que l'igname, la banane plantain, le macabo, la patate douce, le taro, etc... accompagnent agréablement ce plat familial qui, mijoté comme un ragoût, convient agréablement à une grande tablée de convives.

mafé bœuf

Sauce d'arachide au bœuf

Coupez la viande en morceaux. Faites-les bouillir dans 1,5 litre d'eau pendant 20 minutes après le début de l'ébullition. Salez, poivrez et ajoutez le bouquet garni. Réservez la viande (dans un plat) et le bouillon.

Délayez la pâte d'arachide dans 1/4 de litre d'eau tiède. Réservez. Blanchissez le chou coupé grossièrement, réservez-le.

Faites chauffer l'huile dans une cocotte à fond épais, ajoutez les oignons finement hachés dans l'huile à peine chaude et faites-les revenir jusqu'à ce qu'ils deviennent translucides.

Ajoutez les tomates pelées, le concentré de tomate et la gousse d'ail broyée. Mélangez bien régulièrement avec une spatule pour que la préparation n'attache pas.

Ajoutez la viande de bœuf avec 1/2 litre de bouillon, ainsi que le cube de bouillon culinaire et le bouquet garni. Portez à ébullition pendant 10 minutes.

Versez la pâte d'arachide et mélangez doucement l'ensemble. Ajoutez 1/2 litre de bouillon de viande, le chou, les carottes découpées en rondelles d'un centimètre environ. Salez, poivrez. Portez à ébullition.

Ajoutez le piment sans le couper, il flottera sur la sauce.

Laissez l'ensemble mijoter à feu doux durant 50 minutes en mélangeant régulièrement. Goûtez et ajoutez, si besoin, un peu de sel.

Truc et Astuce

Le mafé est traditionnellement servi avec du riz. Mais vous pouvez également l'accompagner de bananes cuites à l'eau ou frites, d'ignames, de patates douces ou de manioc.

difficulté : ❦
préparation : 20 min
cuisson : 1 h 20 min

POUR 4 PERSONNES

- 750 g de paleron ou de gîte

Pour la sauce :

- 125 g de pâte d'arachide
- 2 oignons moyens
- 1/2 petite boîte de tomates pelées ou 3 tomates fraiches
- 60 g de concentré de tomates
- 300 g de carottes
- 200 g de choux
- 1 gousse d'ail
- 1 bouquet garni
- 1 piment antillais
- 8 cl d'huile d'arachide ou de tournesol
- 1 bouillon cube épices - oignons
- eau, sel, poivre
- 1 piment

Recette originaire du :
Mali et de l'Afrique Noire

mafé variantes

MAFÉ POULET

sauce d'arachide au poulet

difficulté :
préparation : 20 min
cuisson : 1 h 20 min

POUR 6 PERSONNES

- 1 gros poulet

Pour la sauce :

- 25 cl d'huile de tournesol
- 75 g de pâte d'arachide
- 3 oignons moyens
- 1/2 petite boîte de tomates pelées ou 3 tomates fraîches
- 60 g de concentré de tomates
- 300 g de carottes
- 200 g de choux
- 1 gousse d'ail
- 1 bouquet garni
- 1 piment antillais
- 1 cube de bouillon culinaire épices-oignons
- sel, poivre
- 1/2 l de bouillon de viande

RECETTE ORIGINAIRE DU : Mali et de l' Afrique Noire

Coupez le poulet en 8 morceaux, salez et poivrez-les. Dans une marmite à fond épais, faites-les frire dans une huile bien chaude. Réservez.

Délayez la pâte d'arachide dans 1/4 de litre d'eau tiède. Réservez.
Blanchissez le chou coupé grossièrement, réservez-le.

Versez un peu d'huile ayant servi à frire le poulet dans une marmite à fond épais. Ajoutez les oignons finement hachés dans l'huile à peine chaude et faites-les revenir jusqu'à ce qu'ils deviennent translucides.

Ajoutez les tomates pelées, le concentré de tomate, la gousse d'ail broyée, le cube de bouillon culinaire et le bouquet garni. Mélangez bien régulièrement avec une spatule pour éviter que la sauce attache.

Versez la pâte d'arachide et mélangez doucement l'ensemble. Ajoutez 1/2 litre de bouillon de viande, le chou, les carottes découpées en rondelles d'un centimètre environ. Salez, poivrez. Portez à ébullition.

Ajoutez le piment sans le couper, il flottera sur la sauce. Laissez mijoter pendant 20 minutes .

Ajoutez les morceaux de poulet avec 1/2 litre d'eau. Portez à ébullition pendant 10 minutes.

Laissez l'ensemble mijoter à feu doux durant 20 minutes en mélangeant régulièrement. Goûtez et ajoutez du sel, si besoin.

TRUC ET ASTUCE

On peut aussi servir le mafé avec des bananes, cuites à l'eau ou frites, des ignames, des patates douces ou du manioc.

Mafé Poisson

sauce d'arachide au poisson

difficulté :
préparation : 20 min
cuisson : 1 h

POUR 4 PERSONNES

- 2 capitaines (bars) de 700 g environ chacun
- 50 g de farine
- 1/4 l d'huile de tournesol

Pour la sauce :

- 25 cl d'huile de tournesol
- 75 g de pâte d'arachide
- 3 oignons moyens
- 1/2 petite boîte de tomates pelées ou 3 tomates fraîches
- 60 g de concentré de tomates
- 300 g de carottes
- 200 g de choux
- 1 gousse d'ail
- 1 bouquet garni
- 1 piment antillais
- 1 cube de bouillon culinaire épices - oignons
- sel, poivre

Recette originaire du :
Mali et de l' Afrique Noire

Nettoyez les poissons et retirez les têtes. Coupez les poissons en deux et farinez-les. Dans une marmite à fond épais, faites-les frire dans de l'huile bien chaude 2 minutes de chaque côté. Réservez.

Délayez la pâte arachide dans 1/4 de litre d'eau tiède. Réservez.
Blanchissez le chou coupé, grossièrement, réservez-le.

Mettez 4 cuillères à soupe d'huile ayant servi à frire le poisson dans une marmite à fond épais. Ajoutez-y les oignons finement hachés et faites-les revenir jusqu'à ce qu'ils deviennent translucides.

Ajoutez les tomates pelées, le concentré de tomate, la gousse d'ail broyée, le cube de bouillon culinaire et le bouquet garni. Mélangez régulièrement avec une spatule.

Versez la pâte d'arachide et mélangez doucement l'ensemble. Ajoutez 1/2 litre d'eau, le chou, les carottes découpées en rondelles d'un centimètre environ. Salez, poivrez. Portez à ébullition.

Ajoutez le piment sans le couper, il flottera sur la sauce.

Laissez l'ensemble mijoter à feu doux durant 25 minutes en mélangeant régulièrement. Goûtez et ajoutez un peu de sel, si besoin.

Ajoutez les morceaux de poisson avec 1/2 litre d'eau. Portez à ébullition pendant 10 minutes puis laissez cuire à feu doux pendant 15 minutes.

Truc et Astuce

Le mafé est traditionnellement servi avec du riz.
Mais il peut également être accompagné de bananes, cuites à l'eau ou frites, d'ignames, de patates douces ou de manioc.

mafé variantes

MAFÉ VÉGÉTARIEN

sauce d'arachide aux légumes

difficulté :
préparation : 20 min
cuisson : 1 h 20 min

POUR 4 PERSONNES

- 25 cl d'huile de tournesol
- 75 g de pâte d'arachide
- 3 oignons moyens
- 1/2 petite boîte de tomates pelées ou 3 tomates fraîches
- 60 g de concentré de tomates
- 600 g de carottes
- 300 g de choux
- 1 gousse d'ail
- 1 bouquet garni
- 1 piment antillais
- 1 cube de bouillon culinaire épices-oignons
- sel, poivre
- 100 g d'aubergines africaines

RECETTE ORIGINAIRE DU :
Mali et de l' Afrique Noire

Délayez la pâte d'arachide dans 1/4 de litre d'eau tiède. Réservez.

Blanchissez le chou coupé grossièrement, réservez-le.

Faites revenir les oignons finement hachés dans de l'huile jusqu'à ce qu'ils deviennent translucides.

Ajoutez les tomates pelées, le concentré de tomate et la gousse d'ail broyée. Mélangez régulièrement la préparation avec une spatule.

Ajoutez un 1/2 litre d'eau, le cube de bouillon culinaire et le bouquet garni. Portez à ébullition pendant 10 minutes.

Versez la pâte d'arachide et mélangez doucement l'ensemble. Ajoutez 1/2 litre d'eau, le chou, les carottes découpées en rondelles d'un centimètre environ, les aubergines coupées en quartiers. Salez, poivrez.
Portez à ébullition.

Ajoutez le piment sans le couper, il flottera sur la sauce.

Laissez l'ensemble mijoter à feu doux durant 45 minutes en mélangeant régulièrement. Goûtez et, si besoin, ajoutez un peu de sel.

TRUC ET ASTUCE

Le mafé est traditionnellement servi avec du riz. Mais il peut aussi être servi avec des bananes, cuites à l'eau ou frites, des ignames, des patates douces ou du manioc.

Mafé Kandja

sauce d'arachide aux gombos

difficulté :
préparation : 20 min
cuisson : 1 h

POUR 4 PERSONNES

- 200 g de gombos

Pour la sauce :

- 125 cl de pâte d'arachide
- 3 oignons moyens
- 1/2 petite boîte de tomates pelées ou 3 tomates fraîches
- 60 g de concentré de tomates
- 300 g de carottes
- 200 g de choux
- 1 gousse d'ail
- 1 bouquet garni
- 1 piment antillais
- 8 cl d'huile de tournesol
- 1 cube de bouillon culinaire épices-oignons
- sel, poivre
- l de bouillon de viande

Recette originaire du :
Mali

Délayez la pâte d'arachide dans 1/4 de litre d'eau tiède. Réservez.

Blanchissez le chou coupé grossièrement, réservez-le.

Lavez les gombos. Coupez-les en rondelles après avoir retiré les pédoncules et leur extrémité pointue.

Faites revenir les oignons finement hachés dans de l'huile jusqu'à ce qu'ils deviennent translucides.

Ajoutez les tomates pelées, le concentré de tomate et la gousse d'ail broyée. Mélangez bien régulièrement l'ensemble avec une spatule.

Ajoutez un 1/2 litre d'eau, le cube de bouillon culinaire et le bouquet garni. Portez à ébullition pendant 10 minutes.

Versez la pâte d'arachide et mélangez doucement l'ensemble. Ajoutez 1/2 litre d'eau, le chou, les carottes découpées en rondelles d'un centimètre environ et les gombos. Salez, poivrez. Portez à ébullition.

Ajoutez le piment sans le couper, il flottera sur la sauce.

Laissez l'ensemble mijoter à feu doux durant 45 minutes en mélangeant régulièrement. Goûtez et, si besoin, ajoutez un peu de sel.

Truc et Astuce

Le mafé est traditionnellement servi avec du riz. Mais il peut également être accompagné de bananes, cuites à l'eau ou frites, d'ignames, de patates douces ou de manioc.

Arbre à gombos

ZOOM SUR

le ndolé

Ce plat camerounais est originaire de la région du littoral (pays douala). C'est une variété de feuilles très amères que l'on est obligé de blanchir dans plusieurs eaux différentes pour qu'elles perdent leur amertume.

Le ndolè s'agrémente de toutes sortes de viandes, fraîches ou boucanées, de poissons, de gibier, de fruits de mer... Cette sauce verte qui a l'apparence des épinards se mange toute l'année. C'est un plat de fête compte tenu du travail que réclame sa préparation et c'est l'une des grandes références de la gastronomie camerounaise. On le retrouve au Togo et au Nigeria sous des formes de préparation différentes.

Dans certaines régions, le ndolè est utilisé comme un médicament pour soigner les coliques. L'amertume de ses feuilles est comparable à la quinine. Le légume d'accompagnement par excellence du ndolè est le manioc préparé à l'étouffée (miondo). Mais on peut aussi le savourer avec du manioc bouilli, du fufu*, des bananes plantain bouillies ou frites. Certains puristes affirment même qu'on ne peut pas le servir avec du riz. Pourtant, c'est un mélange idéal.

Le ndolè se mange indifféremment le midi et le soir. Il est meilleur réchauffé le lendemain. Cependant, il ne se conserve pas très longtemps.

On le trouve de plus en plus dans les cartes des restaurants, en Afrique et ailleurs.

* fufu : préparation à base de farine de manioc (voir recette page 129)

ndolé mixte

Sauce Ndolé Bœuf et Crevettes

Faites blanchir le ndolè avec la pincée de kanwa en le plongeant dans une casserole d'eau bouillante pendant 30 minutes après le début de l'ébullition.

Versez le ndolè dans une passoire à trous fins (chinois). Mettez le ndolè dans une petite bassine avec un peu d'eau. Travaillez-le en le malaxant très fort et égouttez-le. Recommencez trois fois l'opération puis formez de petites boules en prenant soin de bien les essorer. Cette opération doit être faite trois fois dans sa totalité.

Coupez la viande en morceaux. Faites-les cuire dans une casserole remplie d'eau. L'eau doit recouvrir la viande pendant toute la cuisson. Ajouter le sel, le poivre et le bouquet garni. Portez à ébullition et laissez cuire 20 minutes. Réservez le bouillon et la viande.

Faites blanchir les arachides en les plongeant dans de l'eau bouillante. Arrêtez la cuisson dès le début de l'ébullition. Laissez refroidir puis mixez. Réservez.

Épluchez le gingembre, l'ail, les échalotes et les oignons.

Mixez le gingembre avec un oignon et les gousses d'ail. Réservez. Hachez finement le deuxième oignon. Faites-le revenir dans de l'huile moyennement chaude. Ajoutez le gingembre, l'oignon et l'ail mixés. Mélangez l'ensemble. Laissez revenir le tout pendant 5 minutes. Ajoutez la viande, un litre de son bouillon et les arachides mixées. Portez à ébullition pendant 45 minutes en remuant de temps en temps.

Émiettez les petites boules de ndolè sur la préparation puis remuez avec une spatule pour la rendre homogène. Ajoutez les échalotes finement hachées, les crevettes, 50 cl de bouillon de viande, les 3 cubes de bouillon culinaire et le piment. Laissez mijoter le tout à feu moyen pendant 15 minutes.

difficulté : 2/3
préparation : 40 min
cuisson : 1 h 40 min

POUR 8 PERSONNES

- 1 kg de ndolè
- 600 g d'arachides blanches
- 1 kg de paleron
- 500 g de crevettes
- 20 g de gingembre
- 2 oignons moyens
- 3 échalotes moyennes
- 4 gousses d'ail
- 50 cl d'huile de tournesol
- 1 bouquet garni
- 3 cubes de bouillon culinaire épices-oignons
- une pincée de kanwa
- sel, poivre
- 1 piment

Recette originaire du : Cameroun

fumbwa végétarien

Okok végétarien

Mettez les feuilles de fumbwa dans le haut d'un couscoussier. Faites-les cuire à la vapeur pendant 30 minutes. Hachez-les avec un grand couteau.

Écrasez les arachides avec leur pulpe.

Versez la sauce graine avec un 1/2 piment haché dans une cocotte et portez à ébullition pendant10 minutes. Salez et poivrez. Ajoutez les cubes de bouillon culinaire.

Ajoutez les arachides à la sauce graine, mélangez l'ensemble en évitant de faire des grumeaux et portez à ébullition pendant 10 minutes.

Ajoutez le fumbwa et laissez mijoter 30 minutes.

Truc et Astuce

Le fumbwa ou okok peut s'agrémenter avec toutes les viandes ou tous les poissons de votre choix.
Notre préférence va vers la queue de bœuf ou le poisson séché.

difficulté :
préparation : 30 min
cuisson : 50 min

POUR 8 PERSONNES

- 3 cubes de bouillon culinaire épices-oignons
- 200 g de fumbwa
- 800 g d'arachide avec pulpe
- 1 boîte de sauce graine
- 1 piment
- sel, poivre

Recette originaire du :
Cameroun et du Congo

L'Oignon

L'expression « Occupe-toi de tes oignons » remonte sans doute à l'époque où, dans les régions productrices, la récolte et la vente des oignons étaient réservées aux femmes que l'on renvoyait ainsi à leurs travaux quand elles se mêlaient de ce qui ne les regardait pas...

L'oignon fait partie de la famille des liliacées... comme le lys ! Originaire d'Iran, semble-t-il, il était déjà connu chez les pharaons d'Égypte et dans la Rome antique. Ce légume est, de fait, apprécié universellement. Ses variétés sont multiples : il peut être vert, rouge, jaune paille, blanc, sucré ou très doux. Il est riche en vitamine B et C, en calcium, en fer, en potassium. Il possède des vertus diurétiques, antibactériennes et a une action bénéfique sur le système cardio-vasculaire.

Le saviez-vous ? L'oignon, cuit au four entier dans sa pelure, quintuple ses saveurs. Quant à l'haleine parfumée que l'oignon provoque quand on le mange cru, cela est tout simplement dû au fait qu'il contient du soufre. Enfin, il vaut mieux l'éplucher sous l'eau courante pour éviter de pleurer.

En Afrique, dans les régions sahéliennes (Niger, Tchad...), on mange beaucoup d'oignons, braisés notamment : ce légume résiste aux hautes températures et n'a pas besoin de beaucoup d'eau pour pousser.

« Le meilleur ail ne remplace pas l'oignon. »

PROVERBE HAOUSSA

MISE AU POINT SUR L'OIGNON

Oignon Blanc

Oignon Jaune

Oignon Violet

ZOOM SUR

le yassa

Le yassa est un plat à base d'oignons, originaire de la région de la Casamance, au Sénégal. La subtilité de ses saveurs aigres-douces est telle que, ayant franchi les frontières de sa région natale, il figure parmi les plats les plus représentatifs du Sénégal.

Tout aussi célèbre que le mafé, il a la réputation d'être moins calorique que ce dernier. Ces deux grands classiques de la gastronomie africaine doivent leur notoriété en Europe à deux phénomènes : ils figurent de façon quasi systématique au hit-parade de toutes les cartes des restaurants africains du vieux continent et sont très faciles à préparer.

Le yassa n'est pas un plat de fête. Économique, c'est un mets que l'on déguste au moins une fois par semaine dans les familles sénégalaises. Quand on le prépare, on pense unique (s'il y a du yassa au menu, il n'y a ni entrée, ni dessert, ni aucun autre plat) et grand car il convient à toute une tablée de convives. Le yassa, traditionnellement, se consomme surtout le midi, avec du riz en accompagnement.

Yassa au poulet

Sauce d'Oignons au Poulet

Trempez les oignons dans l'eau pour les éplucher. Coupez-les en deux puis hachez-les dans le sens de la longueur en fines lamelles. Réservez.

Coupez le poulet en petits morceaux pour obtenir une fricassée. Salez et poivrez les morceaux avant de les faire frire quelques minutes dans de l'huile très chaude. Retirez et réservez. Diminuez la quantité d'huile qui reste. Conservez 5 cuillères à soupe d'huile.

Mondez et épépinez la tomate. Coupez-la en dés. Mettez-les dans l'huile et faites-les revenir. Ajoutez l'oignon et les cubes de bouillon culinaire. Laissez les oignons ramollir à feu vif en tournant régulièrement la préparation. Ajoutez le bouquet garni.

Lavez les olives pour en retirer toute la saumure.

Dès que les oignons ont changé de couleur, baissez le feu et ajoutez la moutarde, les olives et les carottes coupées en dés. Mélangez. Laissez mijoter pendant 15 minutes à feu doux. Ajoutez le poulet et le jus de citron. Goûtez et ajoutez du sel si besoin. Si la préparation manque de jus, ajoutez un demi-verre à moutarde de vinaigre blanc. Laissez mijoter 20 minutes à feu moyen. Les oignons doivent complètement ramollir.

Truc et astuce

On peut faire revenir le poulet dans une poêle avec un peu de matière grasse plutôt que de le faire frire.

difficulté :
préparation : 30 min
cuisson : 45 min

POUR 6 PERSONNES

- 1 gros poulet d'environ 1,8 kg
- 12 oignons
- le jus de 6 citrons verts
- 1 tomate
- 2 carottes
- 150 g d'olives vertes dénoyautées
- 1/2 l d'huile de tournesol
- 3 cubes de bouillon culinaire épices-oignons
- 3 cuillères à soupe de moutarde
- 1 bouquet garni
- sel, poivre
- vinaigre blanc

Recette originaire du : Sénégal

yassa variantes

Yassa au boeuf

sauce d'oignons au bœuf

difficulté :
préparation : 30 min
cuisson : 1 h 30 min

POUR 6 PERSONNES

- 1 kg de paleron ou de gîte de bœuf
- 12 oignons
- le jus de 6 citrons verts
- 1 tomate
- 3 carottes
- 150 g d'olives vertes dénoyautées
- 1/2 l d'huile de tournesol
- 3 cubes de bouillon culinaire épices-oignons
- 3 cuillères à soupe de moutarde
- 1 bouquet garni
- poivre
- vinaigre blanc

RECETTE ORIGINAIRE DU :
Sénégal

Coupez le bœuf en morceaux réguliers.
Faites-les bouillir dans une casserole remplie d'eau. Ajoutez le bouquet garni, le poivre, les cubes de bouillon culinaire. Laissez mijoter à feu moyen pendant 45 minutes après le début de ébullition.

Trempez les oignons dans l'eau pour les éplucher. Coupez-les en deux puis hachez-les dans le sens de la longueur en fines lamelles. Réservez.

Mondez et épépinez la tomate. Coupez-la en dés et faites revenir les dés dans de l'huile. Ajoutez les oignons et laissez-les ramollir à feu vif en tournant régulièrement la préparation.

Lavez les olives pour en retirer toute la saumure.

Dès que les oignons ont changé de couleur, baissez le feu et ajoutez la moutarde, les olives et les carottes coupées en dés. Mélangez. Laissez mijoter pendant 15 minutes à feu doux. Ajoutez les morceaux de bœuf et le jus de citron. Si la préparation manque de jus, ajoutez un demi-verre à moutarde de vinaigre blanc. Laissez mijoter 20 minutes à feu moyen. Les oignons doivent complètement ramollir.

Truc et astuce

Cette recette ne contient pas de sel volontairement. En effet, les 4 cubes de bouillon culinaire et les olives sont déjà salés. Il est cependant possible d'ajouter du sel si besoin.

Yassa au Poisson

sauce d'oignons au poisson

difficulté : ❦
préparation : 30 min
cuisson : 35 min

POUR 6 PERSONNES

- 2 capitaines (bars) de 700 g environ chacun
- 12 oignons
- le jus de 6 citrons verts
- 1 tomate
- 3 carottes
- 150 g d'olives vertes dénoyautées
- 1/2 l d'huile de tournesol
- 3 cubes de bouillon culinaire épices-oignons
- 3 cuillères à soupe de moutarde
- 1 bouquet garni
- vinaigre blanc

Recette originaire du :
Sénégal

Lavez, videz et écaillez les poissons. Coupez les têtes, les nageoires et les queues. Coupez chaque poisson en trois morceaux et lavez-les à grande eau.

Faites revenir les morceaux de poisson lavés et séchés dans de l'huile très chaude pendant deux minutes environ de chaque côté. Réservez.

Trempez les oignons dans l'eau pour les éplucher. Coupez-les en deux puis hachez-les dans le sens de la longueur en fines lamelles. Réservez.

Mondez et épépinez la tomate. Coupez-la en dés et faites revenir les dés dans de l'huile. Ajoutez les oignons, les cubes de bouillon culinaire et laisser ramollir les oignons à feu vif en tournant régulièrement la préparation. Ajoutez le bouquet garni.

Lavez les olives pour en retirer toute la saumure.

Dès que les oignons ont changé de couleur, baissez le feu et ajoutez la moutarde, les olives et les carottes coupées en dés. Mélangez. Laissez mijoter pendant 15 minutes à feu doux. Ajoutez les morceaux de poisson et le jus de citron. Si la préparation manque de jus, ajoutez un demi-verre à moutarde de vinaigre blanc.
Laissez mijoter 20 minutes à feu moyen. Les oignons doivent complètement ramollir.

Truc et astuce

Le poisson est frit avant d'être intégré dans son bouillon pour éviter qu'il ne s'émiette à la cuisson.

yassa variantes

Yassa Végétarien

sauce d'oignons aux légumes

difficulté : ♥
préparation : 30 min
cuisson : 1 h

POUR 6 PERSONNES

- 1 poivron rouge
- 1 poivron vert
- 12 oignons moyens
- le jus de 6 citrons verts
- 1 tomate
- 3 carottes
- 150 g d'olives vertes dénoyautées
- 1/2 l d'huile de tournesol
- 3 cubes de bouillon culinaire épices-oignons
- 3 cuillères à soupe de moutarde
- 1 bouquet garni
- poivre
- vinaigre blanc

Recette originaire du :
Sénégal

Trempez les oignons dans l'eau pour les éplucher. Coupez-les en deux puis hachez-les dans le sens de la longueur en fines lamelles. Réservez.

Mondez et épépinez la tomate. Coupez-la en dés et faites-les revenir dans de l'huile. Ajoutez les oignons, les cubes de bouillon culinaire et laissez ramollir les oignons à feu vif en tournant régulièrement la préparation. Ajoutez le bouquet garni.

Lavez les olives pour en retirer toute la saumure.

Dès que les oignons ont changé de couleur, baissez le feu et ajoutez la moutarde, les olives, les carottes et les poivrons coupés en dés. Mélangez.

Laissez mijoter pendant 15 minutes à feu doux.

Ajoutez le jus de citron. Poivrez. Si la préparation manque de jus, ajoutez un demi-verre à moutarde de vinaigre blanc. Laissez mijoter 20 minutes à feu moyen. Les oignons doivent complètement ramollir.

Le riz

Le riz est une céréale ancestrale, la plus consommée à travers le monde après le blé : c'est l'aliment de base d'un être humain sur deux.

On compte 8 000 variétés de riz. Dans les pays asiatiques, on le cultive depuis des millénaires. Les brisures de riz sont arrivées en Afrique avec la colonisation au XIXe siècle. L'importance de celui-ci est marquée, en Côte d'Ivoire, par une fête spéciale dans le sud-ouest du pays, en janvier.

Cette herbacée, riche en amidon, dont le fruit est un grain (... de riz !) contient des vitamines B1, B2 et B3 aux multiples vertus. Elles dégradent les glucides, permettent le bon fonctionnement du système nerveux, de la vue et du cœur, fixent le fer dans le sang et, enfin, sont excellentes pour la digestion, le foie et la conservation d'une peau lisse et élastique.

Si son utilisation est très variée partout sur la planète, il sert essentiellement d'accompagnement de plats en sauce en Afrique de l'Ouest.

« Le RIZ est toujours le même,

mais il y a bien des manières de l'accommoder. »

PROVERBE SWAHILI *

* Swahili : ensemble des populations des îles et des centres côtiers de l'océan Indien, du Mozambique jusqu'en Tanzanie.

MISE AU POINT SUR LE RIZ

RIZ CASSÉ DEUX FOIS

RIZ CASSÉ UNE FOIS

RIZ LONG

riz à la vapeur

- Portez à ébullition l'eau d'un couscoussier.
- Dans la partie haute du couscoussier, versez le riz.
- Quand le riz forme un bloc compact, aggloméré par la vapeur, retirez le haut du couscoussier, posez-le dans une bassine sous le robinet d'eau froide de l'évier et travaillez le riz avec les doigts pour l'égrener.
- Le riz doit être travaillé jusqu'à ce que l'eau dans la bassine soit claire, signe qu'une bonne partie de l'amidon a été retirée.
- Remettez le haut du couscoussier en place et portez l'eau à ébullition jusqu'à ce que, à nouveau, le riz forme un bloc compact.
- Remplissez une marmite d'eau (avec un volume double de celui du riz). Ajoutez le sel et l'huile. Portez à ébullition. Versez le riz dans l'eau bouillante et laissez cuire à feu doux pendant dix minutes. Égouttez-le.
- Attention : pour les recettes du Tiep, supprimez la dernière opération.

difficulté :
préparation : 10 min
cuisson : 40 min

POUR 6 PERSONNES

- 400 g de riz cassé deux fois
- 4 cuillères à soupe d'huile de tournesol
- sel

RECETTE ORIGINAIRE DE :
toute l'Afrique Noire

ZOOM SUR

le tiep

Le tiep est la star des plats subsahariens que l'on trouve sur les tables des restaurants africains en Occident. Connu, réputé, c'est le plat national du Sénégal.

Il est impossible de séjourner au Sénégal sans être invité à manger à un moment ou à un autre un bon tiep. Ce mets fait la fierté des Sénégalais. Le tiep dienn avec son thiof (poisson farci), sa sauce tomate, ses légumes et son riz rouge, est un plat unique, festif et familial. Tous les membres de la famille mangent à même le plateau placé au centre de la table ou à même le sol sur des nattes.

Le riz du tiep dienn est rouge : ceci est dû à la technique de cuisson qui consiste à ce que le riz s'imprègne de la sauce tomate tout en restant ferme, les grains se détachant les uns des autres. Le tiep, qui nécessite de nombreuses manipulations, est avant tout une question de savoir-faire. Il se caractérise par la variété du nombre de légumes qui fait de lui un plat délicieux, même sans viande.

L'une de ses variantes est le tiep blanc qui se prépare avec de l'agneau. Le blanc, par opposition au rouge, signifie simplement qu'il n'y a pas de tomates dans sa composition. Plat de référence de la cuisine africaine en général, la qualité du tiep est due au yet, un mollusque fermenté qui donne au plat une saveur particulière. Celle-ci étant puissante, c'est au cuisinier et à la cuisinière d'apprécier s'il est nécessaire de l'introduire dans la préparation. Tout est affaire de goût : il en va du yet comme de tous les aromates et condiments, si certains gastronomes apprécient la force du piment, d'autres ne le supportent pas...

tiep bou dienn

Riz au Poisson

Préparation de la farce : Épluchez l'ail. Coupez le piment en deux et retirez les pépins. Lavez le persil et coupez les tiges. Mixez l'ensemble avec 3 cubes de bouillon culinaire. Réservez.

Demandez au poissonnier de nettoyer et de découper le poisson en morceaux.

Nettoyez-le à nouveau et égouttez-le. Faites un trou dans chaque morceau en enfonçant profondément l'index dans la chair. Remplissez chaque trou avec la farce. Réservez le poisson et le reste de la farce.

Éplucher tous les légumes. Coupez le chou en lamelles après avoir retiré les feuilles abîmées. Coupez les aubergines en trois, les carottes en gros bâtonnets de 10 centimètres de longueur environ. Réservez.

Faites revenir à feu moyen les oignons grossièrement hachés dans 30 cl d'huile. Les oignons doivent ramollir sans dorer. Ajoutez le yet pré-découpé en petits cubes, le reste de farce, 3/4 de la boîte de concentré de tomates. Mélangez pour que la préparation n'attache pas au fond de la marmite. Laissez réduire.

▼ suite page suivante

difficulté :
préparation : 30 min
cuisson : 60 min

POUR 8 PERSONNES

- 1,5 kg de thiop (mérou)
- 500 g de riz cassé deux fois
- 1 grande boîte de concentré de tomates (600 g)
- 1 bouquet garni
- 3 oignons moyens
- 6 carottes moyennes
- 400 g de choux blanc
- 400 g de patate douce
- 4 aubergines africaines
- 50 g de yet
- 50 cl d'huile de tournesol
- 3 cubes de bouillon culinaire épices-oignons
- 2 piments
- sel

Pour la farce du poisson :

- 6 gousses d'ail
- 1 botte de persil d'environ 250 g
- 3 cubes de bouillon culinaire
- 1 piment

TILAPIA ENTIER
1KG = 3€ 89
CAPITAINE SÉNÉGAL
1KG = 4€56.
1KG = 3€90

tiep bou dienn (suite)

Versez un litre d'eau sur la préparation et ajoutez le chou. Portez à ébullition. Laissez réduire pendant 15 minutes. Ajoutez alors tous les autres légumes. Dès que l'eau recommence à bouillir, ajoutez les morceaux de poisson et 2 piments entiers. Baissez le feu et laissez mijoter pendant 15 minutes puis mettez les légumes d'un côté et le poisson de l'autre.

Passez la sauce au chinois. Mettez de côté, dans un saladier, huit louches de sauce et ajoutez-y le dernier tiers de concentré de tomates.

Versez le riz déjà passé deux fois à la vapeur dans la sauce. (voir recette du Riz à la vapeur p. 53)

Versez dans le bouillon écumé le reste d'huile (20 cl). Ajoutez 50 cl d'eau. Portez à ébullition. Laissez cuire à feu très fort pendant dix minutes puis baissez le feu. La sauce doit couvrir le riz d'environ 1 centimètre.

Tournez le riz pour qu'il absorbe toute la sauce et qu'il soit parfaitement égrené et laissez cuire à feu doux pendant 10 minutes.

Posez sur la table la marmite contenant la sauce. Présentez le poisson d'un côté, les légumes de l'autre. Posez sur les légumes les 2 piments en faisant attention de ne pas les percer.

TRUC ET ASTUCE

Si vous n'avez pas de mixeur pour hacher la farce, utilisez un couteau.

RECETTE ORIGINAIRE DU : Sénégal

tiep variantes

Tiep bou yap

riz à la viande

difficulté :
préparation : 1 h + 1 nuit pour la marinade
cuisson : 1 h 20 min

POUR 8 PERSONNES

- 1,5 kg de sauté d'agneau (épaule avec os découpée par le boucher)
- thym, laurier
- olives vertes
- 1 kg de riz cassé deux fois
- 3 oignons moyens
- 3 gousses d'ail
- 6 carottes moyennes
- 400 g de choux blanc
- 400 g de manioc
- 4 aubergines
- 50 cl d'huile de tournesol
- 2 cubes de bouillon culinaire épices-oignons
- 150 g yet
- sel

Pour la marinade :

- 4 cuillères à soupe de moutarde
- le jus de 3 citrons verts
- 3 cubes de bouillon culinaire épices-oignons

Pour faire la marinade, mélangez la moutarde, le jus des citrons verts et les cubes de bouillon émiettés. La veille au soir, faites tremper les morceaux de viande dans la marinade.

Éplucher tous les légumes. Coupez le chou en lamelles après avoir retiré les feuilles abîmées. Gardez le cœur du légume. Coupez les aubergines en trois, les carottes en gros bâtonnets de 10 centimètres de longueur environ. Réservez.

Saisissez la viande débarrassée de ses aromates et condiments dans 25 cl d'huile bien chaude. Dès que la viande est saisie, ajoutez le thym, le laurier, le yet, les olives vertes, l'oignon, l'ail haché et le sel. Ajoutez le reste de la marinade, le chou, les carottes, le manioc, les aubergines et l'eau.

Faites cuire 20 minutes après le début de l'ébullition. Réservez.

Passez la sauce au chinois.

Goûtez et salez si besoin. Ajoutez deux cuillérées à soupe de moutarde et 25 cl d'huile. Portez à ébullition.

Versez le riz déjà passé deux fois à la vapeur dans la sauce et laissez cuire dix minutes.
(*Voir recette du riz à la vapeur p.53.*)

Mélangez longuement pour que le riz absorbe bien la sauce. Laissez cuire à feu doux pendant 10 minutes.

TIEP VÉGÉTARIEN

riz végétarien

difficulté :
préparation : 30 min
cuisson : 1 h

POUR 8 PERSONNES

- 8 carottes
- 800 g de chou
- 4 aubergines africaines
- 1 kg de riz cassé deux fois
- 1 grande boîte de concentré de tomates (600 g)
- 1 bouquet garni
- 3 oignons moyens
- 3 gousses d'ail
- 6 carottes moyennes
- 400 g de choux blanc
- 400 g de manioc
- 50 cl d'huile de tournesol
- 3 cubes de bouillon culinaire épices-oignons
- 2 piments

RECETTE ORIGINAIRE DU :
Sénégal

Épluchez tous les légumes. Coupez le chou en lamelles après avoir retiré les feuilles abîmées. Gardez le cœur du légume. Coupez les aubergines en trois, les carottes en gros bâtonnets de 10 centimètres de longueur environ. Réservez.

Faites revenir à feu moyen les oignons grossièrement hachés dans 30 cl d'huile. Les oignons doivent ramollir sans dorer. Ajoutez les 3/4 de la boîte de concentré de tomates. Mélangez pour que la préparation n'attache pas au fond de la marmite. Laissez réduire.

Versez un litre d'eau sur la préparation et ajoutez le chou. Portez à ébullition. Laissez réduire pendant 15 minutes. Ajoutez alors tous les autres légumes. Dès que l'eau recommence à bouillir, ajoutez 2 piments entiers. Baissez le feu et laissez mijoter pendant 15 minutes.

Passez la sauce au chinois. Mettez de côté, dans un saladier, huit louches de sauce et ajoutez-y le dernier tiers de concentré de tomates.

Versez le riz déjà passé deux fois à la vapeur (*voir recette du riz à la vapeur p.53*) dans la sauce.

Versez dans le bouillon écumé le reste d'huile (20 cl). Ajoutez 50 cl d'eau. Portez à ébullition. Goûtez et salez si besoin. Laissez cuire à feu très fort pendant dix minutes puis baissez le feu. La sauce doit couvrir le riz d'environ 1 centimètre.

Tournez le riz pour qu'il absorbe toute la sauce et qu'il soit parfaitement égrené et laissez cuire à feu doux pendant 10 minutes.

Posez sur la table la marmite contenant la sauce. Présentez les légumes dans un plat. Posez sur les légumes les deux piments en faisant attention de ne pas les percer.

LA BANANE

Le bananier n'est pas un arbre mais une herbe qui peut atteindre quinze mètres de hauteur. C'est en fait la plus grande herbe du monde.

Constitué d'eau à 80 %, il pousse dans les régions chaudes et humides. Prés de 1 000 variétés de bananiers existent dans le monde. Ses fleurs sont stériles, il ne produit qu'un seul régime mais lesté de 400 à 1 000 bananes. Lorsqu'on récolte celui-ci, il meurt. C'est pour cette raison, dit-on, que Bouddha en fit le symbole de la vanité des biens de ce monde !

Mais avant de passer de vie à trépas, le bananier a émis des ramifications qui pourront donner de nouveaux plans.

Les consommateurs occidentaux connaissent la banane, fruit qu'ils consomment en dessert. Dans de nombreux pays africains, la banane plantain est consommée comme légume. Les bananes plantain, de couleur verte ou jaune, peuvent être frites, grillées, bouillies, étuvées... Les bananes vertes, séchées et transformées en farine, sont également utilisées en boulangerie. En Afrique, on produit de la bière par fermentation du fruit. La banane est un fruit très énergétique. Facile à digérer, elle est riche en hydrates de carbone, calcium, fer, vitamines A, B, C.

Mais contrairement aux idées reçues, elle ne fait pas grossir.

« Une seule BANANE pourrit tout le régime. »

PROVERBE AVIKAM
À PROPOS DE LA MORALE

MISE AU POINT SUR LA BANANE

Bananes (fruits) encore vertes

Banane Plantain extra-mûre à peau noire

Bananes Plantain jaunes

Bananes Plantain vertes

Purée de banane

Efida Nsié

Coupez les deux extrémités de chaque banane puis entaillez la peau avec la pointe d'un couteau dans le sens de la longueur. Retirez la peau délicatement.

Coupez chaque banane en petites rondelles. Réservez.

Coupez le piment en quatre dans le sens de la longueur.
Hachez finement un des quarts en prenant soin de retirer les pépins.

Faites chauffer la sauce graine pendant 10 minutes après le début de l'ébullition.

Ajoutez-y les rondelles de bananes et le quart de piment haché.
Portez le tout à ébullition en remuant régulièrement de façon à écraser les bananes.

Ajoutez une pincée de sel suivant le goût. Travaillez l'ensemble à feu doux pendant 15 minutes.

difficulté : ❦
préparation : 10 min
cuisson : 25 min

POUR 6 PERSONNES

- 1 kg de bananes plantain extra-mûres (peau noire)
- 1 boîte et demie de sauce graine
- 1 piment
- sel

RECETTE ORIGINAIRE DE :
l'Afrique centrale

bananes plantain bouillies

Épluchez les bananes.

Coupez leurs extrémités, entaillez la peau à l'aide de la pointe d'un couteau dans le sens de la longueur, à trois endroits différents.

Retirez la peau délicatement. Coupez chaque banane en trois parties. Faites-les bouillir dans 1,5 litre d'eau pendant 45 minutes.

Truc et Astuce

Choisir des bananes jaunes et encore fermes.

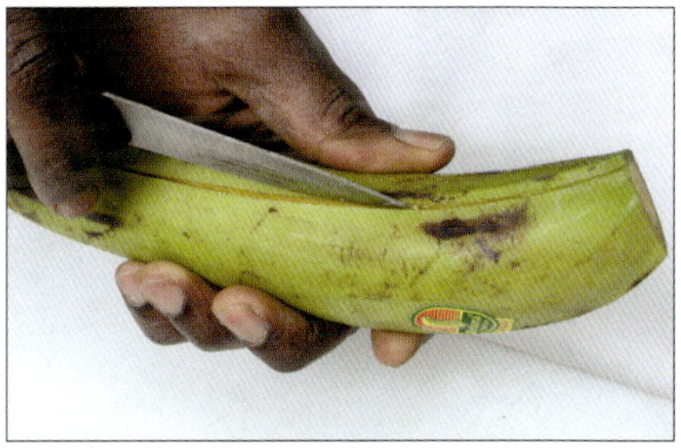

difficulté :
préparation : 5 min
cuisson : 45 min

POUR 6 PERSONNES

- 8 bananes plantain vertes ou jaunes

Recette originaire de :
l'Afrique centrale

aloko

Bananes Plantain Frites

Coupez les deux extrémités de chaque banane puis entaillez la peau avec la pointe d'un couteau dans le sens de la longueur, à trois endroits différents. Retirez la peau délicatement.

Coupez les tranches de bananes en biais. Chaque tranche doit faire 1 centimètre environ.

Plongez les tranches de bananes dans un bain de friture chaud pendant deux minutes. Songez à remuer le panier pendant la friture.

Entre chaque fournée, attendez que l'huile revienne à la bonne température.

Égouttez les rondelles de bananes en les plaçant dans un plat garni de papier absorbant.

Truc et Astuce

Les aloko peuvent servir d'amuse-gueule avec une purée de piments.

difficulté :
préparation : 10 min
cuisson :
2 min par bain d'huile

POUR 4 PERSONNES

- 6 bananes plantain jaunes
- un bain d'huile d'arachide pour la friture
- sel

Recette originaire du : Cameroun

chips de bananes vertes

Coupez l'extrémité des bananes. Entaillez la peau dans le sens de la longueur en trois endroits en prenant soin de ne pas abîmer la pulpe. Épluchez alors les fruits.

Prenez une rape plate traditionnelle pour son tranchoir central. Tranchez les bananes en rondelles au-dessus d'une friteuse pleine d'huile d'arachide bouillante.

Laissez frire trois minutes.

Retirez les rondelles de bananes à l'aide d'une écumoire. Placez les rondelles de banane dans un plat garni de papier absorbant pour retirer l'excès d'huile. Salez.

Trucs et astuces

- Si vous devez faire plusieurs fournées, il faut attendre une minute entre chacune d'entre elles pour que l'huile revienne à la bonne température.
- Les chips se conservent dans un endroit sec pendant une semaine.

difficulté :
préparation : 5 min
cuisson : 2 min

POUR 4 PERSONNES

- 6 bananes plantain vertes
- 1 bain d'huile d'arachide pour la friture
- sel

Recette originaire du :
Cameroun

ZOOM SUR

le poulet DG

Le poulet DG n'est pas un plat traditionnel. Il est né au Cameroun où il a surgi un beau jour, de partout et de nulle part, en ville, dans les années 80.

Il a pris ses lettres de noblesse dans ces restaurants de quartier appelés « chantiers » au Cameroun. Les chantiers sont en fait des restaurants improvisés chez l'habitant, sorte de tables d'hôte bon marché qui, à défaut d'être légales, sont plus ou moins tolérées pour permettre aux familles d'arrondir leurs fins de mois. La réputation de tel ou tel « chantier » se propage par le bouche à oreille et toutes les maîtresses de maison rivalisent de savoir-faire pour mériter les étoiles virtuelles de cet équivalent oral du Guide Michelin.

Sachant que les présidents directeurs généraux sont des gens, par définition, pressés, ce plat a été surnommé « Poulet DG » (sigle : PDG) : c'est, en effet, un plat qui permet aux hommes d'affaires de manger rapidement, sans couverts, la viande et les légumes.

Petit à petit, le poulet DG est sorti du cadre des « chantiers ». Les femmes se sont mises au poulet DG pour « essayer » de garder leur mari à la maison. Il est l'un des plats de référence du Cameroun, un plat de fête, équivalent du repas traditionnel du dimanche en France.

Au départ, le plat était un peu sec. Très vite, il a été enrichi d'une petite sauce. Puis on a inventé toutes sortes de manières de le préparer : avec des bananes vertes et du poulet braisé, avec des bananes vertes et du poulet frit, avec des bananes mûres et du poulet frit dans une petite sauce. C'est cette dernière recette que nous proposons.

Composé d'un assortiment très varié de légumes, il suffit de retirer le poulet pour que le plat devienne végétarien. On obtient alors un sauté de légumes exotiques. Toutes les adaptations sont possibles : le DG se prépare avec des poivrons, du chou, des haricots, des carottes... selon les possibilités saisonnières qu'offre le potager.

poulet DG

Poulet « Directeur Général »

❧ Épluchez l'oignon, l'ail et le gingembre. Hachez-les grossièrement avec le persil. Ajoutez les graines de djansan et les graines de pépé. Mixez le tout jusqu'à ce que l'ensemble devienne homogène.
Ajoutez 25 cl d'eau et mélangez.

❧ Épluchez les carottes, découpez-les en rondelles d'1 centimètre ainsi que le poireau.

❧ Coupez les poivrons en petits carrés.

❧ À l'aide d'un couteau, coupez les extrémités des bananes puis incisez la peau dans le sens de la longueur avant de les éplucher. Coupez-les en tranches d'un centimètre d'épaisseur environ, puis faites-les frire.

❧ Coupez les cuisses de poulet en trois, faites revenir les morceaux dans une huile chaude dans la cocotte de cuisson. En fin de cuisson, retirez toute l'huile. Réservez.

❧ Dans la cocotte de cuisson, versez un 1/2 litre d'eau, ajoutez toutes les préparations à l'exception des bananes. Saupoudrez de curry et de cubes de bouillon émiettés. Salez, poivrez.
Portez à ébullition. Dix minutes après le début de l'ébullition, ajoutez les bananes. Ajuster l'assaisonnement si besoin.
Laissez mijoter pendant 15 minutes à feu moyen.

❧ Servez chaud.
Le poulet DG est un plat complet.

difficulté : ❦
préparation : 30 min
cuisson : 25 min

POUR 6 PERSONNES

- 6 cuisses de poulet
- 4 bananes plantain jaunes
- 25 cl d'huile de tournesol
- 3 carottes moyennes
- 1 poireau
- 1 demi-poivron rouge
- 1 demi-poivron jaune
- 2 cuillères à soupe de curry
- 2 cubes de bouillon culinaire épices-oignons
- sel, poivre

Pour la sauce :

- 30 graines de djansan
- 1 oignon
- 4 branches de persil
- 3 gousses d'ail
- 20 g de gingembre
- 4 graines de pépé
- sel, poivre

Recette originaire du : Cameroun

le DG variante

DG Végétarien

difficulté : ❦
préparation : 30 min
cuisson : 30 min

POUR 6 PERSONNES

- 8 bananes plantain jaunes
- 25 cl d'huile de tournesol
- 5 carottes
- 2 poireaux
- 1 poivron rouge
- 1 poivron jaune
- 2 cuillères à soupe de curry
- 2 cubes de bouillon culinaire épices-oignons
- sel, poivre

Pour la sauce :

- 30 graines de djansan
- 4 graines de pépé
- 1 oignon jaune
- 4 branches de persil
- 3 gousses d'ail
- 20 g de gingembre

Recette originaire du :
Cameroun

Épluchez l'ail, l'oignon et le gingembre. Hachez-les grossièrement avec le persil. Ajoutez les graines de djansan et les graines de pépé. Mixez le tout jusqu'à ce que l'ensemble devienne homogène. Ajoutez 25 cl d'eau. Mélangez puis réservez.

Épluchez les carottes, découpez-les en rondelles d'1 centimètre d'épaisseur environ ainsi que les poireaux, lavez le tout à grande eau.

Découpez les poivrons en petits carrés d'1,5 centimètre environ.

À l'aide d'un couteau, coupez les extrémités des bananes, puis incisez la peau dans le sens de la longueur avant de les éplucher. Coupez les tranches de bananes en biais, d'une épaisseur d'1 cm environ, puis faites-les frire.

Dans la cocotte de cuisson, versez 1/2 litre d'eau, ajoutez toutes les préparations à l'exception des bananes. Saupoudrez de curry et ajoutez les cubes de bouillon émiettés. Salez, poivrez. Portez à ébullition.

10 minutes après le début de l'ébullition, ajoutez les bananes. Goûtez et ajoutez du sel et du poivre si besoin. Laissez encore mijoter 20 minutes à feu moyen.

Truc et Astuce

Pour ouvrir plus facilement les cosses contenant les graines de pépé, il suffit de les plonger quelques minutes dans l'eau bouillante.

tarte à la banane

Faites chauffer à feu vif les morceaux de sucre imbibés d'eau et du jus des citrons. Le liquide doit à peine dépasser le niveau du sucre.
Tournez à l'aide d'une spatule jusqu'à obtenir un caramel pas trop foncé.

Huilez un moule de 60 centimètres de diamètre. Versez le caramel dans le moule.

Disposez les bananes entières sur le caramel en les tassant. Saupoudrez de cannelle.

Ajoutez 100 g de beurre doux en petits morceaux sur les bananes.

Préchauffez le four à 180° C (thermostat 7). Mettez le moule dans le four à même température pendant 15 minutes.

Retirez le moule du four et laissez refroidir. Recouvrez la préparation avec la pâte feuilletée et repassez la tarte au four pendant 25 minutes. Démoulez la tarte et présentez-la dans un plat.

Truc et Astuce
La tarte à la banane est meilleure quand elle est servie tiède.

difficulté :
préparation : 10 min
cuisson : 40 min

POUR 6 PERSONNES

- 1 pâte feuilletée à dérouler
- 8 bananes
- cannelle en poudre
- 100 g de beurre doux

Pour le caramel :
- 20 morceaux de sucre
- le jus de 3 citrons verts

Le Gombo

Le gombo est un fruit qui ressemble un peu au cornichon. Il nous vient d'Afrique.

C'est en fait le diminutif du mot « *kingombo* » qui désigne la plante en Afrique de l'Ouest. Dans cette partie du monde, les gombos occupent la deuxième place des productions légumières après la tomate.

Le gombo ne plaît pas à tout le monde à cause de sa consistance. Il contient une substance végétale composée de pectines qui a la propriété de gonfler dans l'eau et est très utile pour épaissir les soupes et les ragoûts. Il améliore le goût de certains plats comme la sauce de graines de courge et le mafé kandja.

Pour être sûr que le gombo ne soit pas trop dur, il vaut mieux le choisir bien coloré et avec une longueur de moins de 10 centimètres. Il se mange cru, en salade, ou cuit et se marie très bien avec la tomate, l'oignon, le poivron, le citron... Dans certaines régions, les feuilles sont consommées comme des épinards.

Au Cameroun, « avoir un gombo » signifie avoir une activité lucrative en dehors d'un travail officiel.

« La vie est

UN GOMBO,

tu glisses,

tu tombes,

tu tombes,

tu glisses... »

PROVERBE POPULAIRE AFRICAIN *

* Dans la vie, il y a toujours des hauts et des bas...

MISE AU POINT SUR LE GOMBO

GOMBOS ENTIERS

GOMBO DÉCOUPÉ EN RONDELLES

ZOOM SUR

les gombos à la queue de bœuf

La queue de bœuf est considérée comme un abat.
Il y a vingt ans, les bouchers la donnaient à leurs clients.

Aujourd'hui, il faut la payer et même si son prix reste très abordable, il n'en a pas moins été multiplié par dix ou quinze depuis les deux ou trois francs symboliques qu'elle valait quand elle commençait à se vendre.

La queue de bœuf est très consommée en Afrique. On la mange avec la peau ; les Africains adorent sa consistance gélatineuse et la dégustent avec les doigts qui restent délicieusement collants à la fin du repas. Le meilleur légume qui accompagne la sauce gombo à la queue de bœuf est le fufu, la pâte de manioc (voir p. 129). La sauce gombo connaît de multiples variantes suivant les pays ou régions où on la consomme : plutôt avec du poisson séché ici, du poisson frais là, du poulet, parfois fumé ou au naturel sous la forme de supi kandja (soupe de gombos, voir recette p. 95).

La sauce gombo se consomme à tout moment de l'année dans les zones marécageuses où l'on trouve des gombos en toute saison. En France aussi, on peut l'acheter du 1er janvier au 31 décembre puisque c'est un légume importé.

Le gombo reste un légume injustement méconnu des consommateurs occidentaux qui le boudent à cause de sa consistance gluante. La sauce gombo à la queue de bœuf met délicieusement en valeur ce petit légume rigolo. Quand les réticences psychologiques sont dépassées, cette recette emporte tous les suffrages : tous les gastronomes téméraires qui l'ont essayée l'ont immédiatement adoptée !

gombos à la queue de boeuf

Bitetam à la Queue de Bœuf

- Faites couper la queue de bœuf par le boucher en portions égales.

- Retirez les pédoncules et l'extrémité pointue des gombos. Coupez-les en rondelles. Coupez l'extrémité d'un piment et retirez soigneusement toutes les graines. Hachez-la finement. Réservez.

- Mondez et épépinez les tomates. Réservez.

- Hachez l'ail et l'oignon. Réservez.

- Faites bouillir la queue de bœuf dans une marmite remplie d'eau. Ajoutez le bouquet garni, les cubes de bouillon culinaire, les tomates, l'ail, l'oignon et le piment. Salez, poivrez. Laissez cuire à feu vif pendant 45 minutes après le début de l'ébullition.

- Ajoutez les gombos coupés en rondelles. Attendez que la préparation se remette à bouillir puis laissez réduire à feu moyen en mélangeant de temps en temps pour que la préparation n'attache pas au fond de la casserole.

- Posez un piment sur la préparation.

Trucs et astuces

- Le gombo est toujours meilleur quand il est relevé. On peut donc, suivant le goût, ajouter à cette préparation un peu de purée de piment (voir p 159).
- Pour que les gombos gardent une belle coloration verte, on peut ajouter au bouillon de cuisson de la viande une cuillère à café arasée de bicarbonade de soude ou de kanwa.
- Ce sont les graines qui se trouvent à l'intérieur des gombos qui donnent aux préparations leur texture « gluante ». Pour qu'elle le soit moins, il suffit d'égrener les gombos ! Les gombos se conservent très bien séchés.

difficulté : ●
préparation : 20 min
cuisson : 1 h 10 min

POUR 6 PERSONNES

- 1 kg de gombos
- 1,2 kg de viande de queue de bœuf
- 2 grosses tomates
- 3 cubes de bouillon culinaire épices - légumes
- 1 oignon
- 1 bouquet garni
- 3 gousses d'ail
- 2 piments
- sel, poivre

Recette originaire de :
l'Afrique de l'Ouest et de l'Afrique centrale

gombos variantes

Gombos au poulet fumé

Bitetam au poulet fumé

difficulté : ♥
préparation : 20 min
cuisson : 40 min

POUR 6 PERSONNES

- 1 poulet fumé
- 1 kg de gombos
- 2 grosses tomates
- 3 cubes de bouillon culinaire épices-légumes
- 1 oignon
- 1 bouquet garni
- 3 gousses d'ail
- 2 piments
- sel, poivre

Recette originaire de :
l'Afrique de l'Ouest
et de l'Afrique centrale

Retirez les pédoncules et l'extrémité pointue des gombos. Coupez-les en rondelles. Coupez l'extrémité d'un piment et retirez soigneusement toutes les graines. Hachez-la finement. Réservez.

Coupez le poulet fumé en morceaux. Réservez.

Mondez et épépinez les tomates. Réservez.

Hachez l'ail et l'oignon. Réservez.

Faites bouillir les morceaux de poulet fumé dans une marmite remplie d'eau. Ajoutez le bouquet garni, les cubes de bouillon culinaire, les tomates, l'ail, l'oignon et le piment. Salez, poivrez. Laissez cuire à feu vif pendant 15 minutes après le début de l'ébullition.

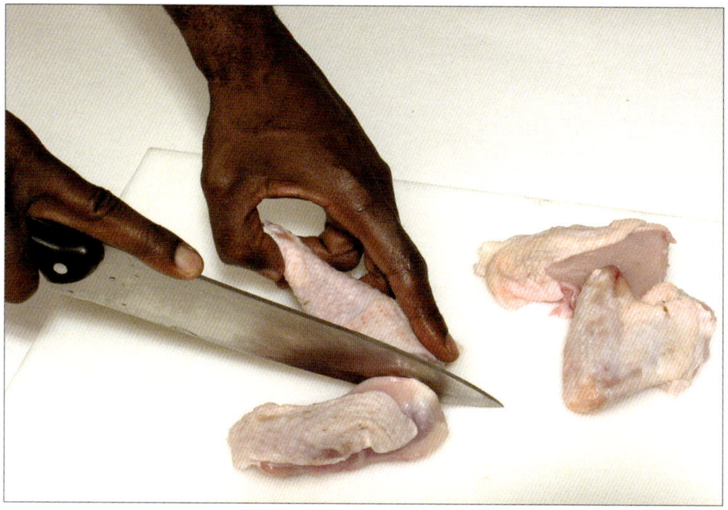

Ajoutez les gombos coupés en rondelles. Attendez que la préparation se remette à bouillir puis laissez réduire à feu moyen en mélangeant de temps en temps pour que la préparation n'attache pas au fond de la casserole.

Posez un piment sur la préparation.

Gombos au bœuf

bitetam au bœuf

difficulté : ❦
préparation : 20 min
cuisson : 45 min

POUR 6 PERSONNES

- 1 kg de gombos
- 1,2 kg de gîte de bœuf ou de paleron
- 2 grosses tomates
- 3 cubes de bouillon culinaire épices-légumes
- 1 oignon
- 1 bouquet garni
- 3 gousses d'ail
- 2 piments
- sel, poivre

Recette originaire de :
l'Afrique de l'Ouest
et de l'Afrique centrale

Retirez les pédoncules et l'extrémité pointue des gombos. Coupez-les en rondelles. Coupez l'extrémité d'un piment et retirez soigneusement toutes les graines. Hachez-la finement. Réservez.

Coupez le bœuf en portions égales. Réservez.

Mondez et épépinez les tomates. Réservez.

Hachez l'ail et l'oignon. Réservez.

Faites bouillir les morceaux de bœuf dans une marmite remplie d'eau. Ajoutez le bouquet garni, les cubes de bouillon culinaire, les tomates, l'ail, l'oignon et le piment. Salez, poivrez. Laissez cuire à feu vif pendant 45 minutes après le début de l'ébullition .

Ajoutez les gombos coupés en rondelles. Attendez que la préparation se remette à bouillir puis laissez réduire à feu moyen en mélangeant de temps en temps pour que la préparation n'attache pas au fond de la casserole.

Posez un piment sur la préparation.

gombos variantes

Gombos végétariens

bitetam végétarien

difficulté : ❦
préparation : 20 min
cuisson : 20 min

POUR 6 PERSONNES

- 1 kg de gombos
- 2 grosses tomates
- 3 cubes de bouillon culinaire épices-légumes
- 1 oignon
- 1 bouquet garni
- 3 gousses d'ail
- 2 piments
- sel, poivre

Recette originaire de :
l'Afrique de l'Ouest
et de l'Afrique centrale

Retirez les pédoncules et l'extrémité pointue des gombos.
Coupez-les en rondelles.
Coupez l'extrémité d'un piment et retirez soigneusement les graines.
Hachez-la finement.
Réservez.

Mondez et épépinez les tomates. Réservez.

Hachez l'ail et l'oignon.
Réservez.

Faites revenir les tomates dans de l'huile chaude avec l'ail et l'oignon hachés pendant quelques minutes à feu moyen. Ajoutez un litre d'eau.
Portez à ébullition.

Ajoutez les gombos, le bouquet garni, les cubes de bouillon culinaire et le piment. Salez, poivrez.

Attendez que la préparation se remette à bouillir puis laissez réduire à feu moyen en mélangeant de temps en temps pour que la préparation n'attache pas au fond de la casserole.

Posez un piment sur la préparation.

Gombos aux pieds de porc

bitetam aux pieds de porc

difficulté : ❦
préparation : 20 min
cuisson : 1 h

POUR 6 PERSONNES

- 4 pieds de porc
- 200 g de gombos
- 2 grosses tomates
- 3 cubes de bouillon culinaire épices-légumes
- 1 oignon
- 1 bouquet garni
- 3 gousses d'ail
- 15 cl d'huile de tournesol
- 2 piments
- sel, poivre

Recette originaire de :
l'Afrique de l'Ouest et de l'Afrique centrale

Plongez les pieds de porc dans de l'eau bouillante salée. L'eau doit entièrement les recouvrir. Ajoutez le bouquet garni, le sel, le poivre et les 3 cubes de bouillon culinaire puis laissez cuire pendant 30 minutes à feu vif. Sortez les pieds de porc du bouillon et réservez d'un côté la viande, de l'autre le bouillon.

Retirez les pédoncules et l'extrémité pointue des gombos. Hachez-les grossièrement. Coupez l'extrémité d'un piment et retirez soigneusement les graines. Hachez-la finement. Réservez.

Mondez et épépinez les tomates. Réservez.

Hachez l'ail et l'oignon. Réservez.

Faites revenir les tomates dans de l'huile chaude avec l'ail et l'oignon pendant quelques minutes à feu moyen.

Ajoutez les pieds de porc et les gombos. Versez 50 cl du bouillon de cuisson des pieds de porc et laissez mijoter pendant 30 minutes.

Posez un piment sur la préparation.

supi kandja

Soupe de Gombos

Retirez les pédoncules des gombos. Coupez-les en rondelles puis concassez-les.

Faites revenir les oignons dans l'huile de palme. Ajoutez les tomates mondées et épépinées, l'ail haché, le sel, le poivre. Laissez mijoter quelques minutes.

Versez 1 litre d'eau sur la préparation, le bouquet garni, les cubes de bouillon culinaire. Ajoutez les gombos. Portez à ébullition et aissez mijoter pendant 45 minutes en remuant régulièrement avec une spatule pour que la sauce n'attache pas au fond de la casserole.

Posez le piment sur la préparation.

Servez avec du fufu (voir recette page 129).

difficulté :
préparation : 15 min
cuisson : 50 min

POUR 4 PERSONNES

- 1 kg de gombos
- 8 cl d'huile de palme
- 2 tomates
- 2 oignons
- 3 gousses d'ail
- 1 piment antillais entier
- 1 bouquet garni
- 3 cubes de bouillon culinaire épices-oignons
- sel, poivre

RECETTE ORIGINAIRE DU :

Sénégal

Les Graines de Courge

La courge fait partie de la famille des cucurbitacées qui regroupe environ 700 espèces réparties en 90 genres, parmi lesquels les célèbres potirons, pastèques, concombres ou cornichons !

Originaire d'Amérique et plus précisément du Mexique et du Texas, la courge fut l'un des premiers légumes ramenés du Nouveau Monde au XVIe siècle vers l'Occident. La courge est un fruit qui renferme des graines, assez grandes et plates, reliées au fruit par un ensemble de filaments. En raison de celles-ci, la courge symbolise l'abondance, la prospérité et la fécondité. Dans certaines ethnies africaines, on les consomme comme symboles de l'intelligence.

La courge africaine est moins connue en Europe sous sa forme gastronomique que sous sa forme artistique. En effet, le légume séché puis savamment décoré est souvent utilisé comme gourde, calebasse mais aussi tambour ou instrument à corde.

En Afrique, la courge, gourde ou calebasse est unanimement féminine. Chez les Gourmanché de Haute-Volta, la calebasse est identifiée à la matrice et les femmes enceintes ne doivent jamais s'en séparer. Pour les Bambaras, le cordon ombilical est appelé « la corde de la gourde ».

« Cent quintaux de COURGES
ne font pas une once de graisse. »

PROVERBE AFRICAIN POPULAIRE

MISE AU POINT SUR LA GRAINE DE COURGE

Graines de courge entières

Graines de courge mixées

ZOOM SUR

La sauce aux graines de courge

La sauce aux graines de courge ou « sauce de pistaches » comme on dit au Cameroun, vient essentiellement d'Afrique centrale.

Au Nigéria, on la prépare avec des gombos ou du ndolè, cette variété de feuilles amères dont l'aspect est similaire à celui des épinards (voir p. 82). Dans la zone sahélienne, cette recette est inconnue pour des raisons climatiques : la courge a besoin d'eau pour pousser. Faute de produit de base, les Mauritaniens, les Tchadiens ou les Burkinabés ne peuvent connaître le plat ! La sauce aux graines de courge est un plat coûteux pour les Africains. Quelle que soit la façon dont on le prépare, à l'étouffée ou en terrine, ce plat de grande renommée est un plat de luxe qu'on ne mange pas tous les jours mais que l'on prépare pour une grande occasion ou pour honorer un invité de marque. C'est une grande faveur que d'être convié à déguster cette recette que la cuisinière mitonnera avec tout son savoir-faire, ne lésinant pas sur les achats les plus onéreux, comme les gambas, pour donner satisfaction à ses hôtes.

La préparation traditionnelle de la sauce aux graines de courge est longue et fastidieuse : il faut écraser les graines manuellement à l'aide d'un hachoir. Mais le résultat en vaut la peine car sa saveur est d'une finesse incomparable, toujours meilleure quand elle est légèrement relevée. Son aspect est, en outre, du plus bel effet.
Paradoxe et fausse note à ce tableau idyllique : on raconte que mal préparée, la sauce aux graines de courge provoque des coliques. Méfiance étant mère de sûreté, certains Africains refusent de manger ce plat en dehors de chez eux pour ne prendre aucun risque gastrique.
Dommage ! De nombreux restaurateurs commencent à proposer sur leurs cartes cette recette, plus sous forme de terrine que de sauce, et les rares consommateurs qui se sont plaints de maux de ventre en avaient tout simplement trop mangé !

sauce aux graines de courge - gambas

NFIAN NGOND

Plongez les gambas dans de l'eau bouillante pendant quelques minutes. Laissez-les refroidir. Décortiquez-les en retirant les têtes.

Passez les graines de courge au mixeur ou dans un robot ménager jusqu'à obtention d'une pâte assez homogène. Pour que la préparation ne soit pas trop granuleuse, ajoutez 1/2 verre d'eau.
Mondez les tomates et concassez-les dans leur jus.
Épluchez l'oignon et l'ail. Prenez un grand récipient de cuisson, type faitout ou couscoussier. Faites revenir l'oignon dans l'huile à feu moyen pour ne pas trop le dorer. Ajoutez les tomates et l'extrémité du piment sans les pépins. Laissez réduire jusqu'à obtention d'une purée de tomates.

Ajoutez les gambas, 50 centilitres d'eau, le bouquet garni et le cube de bouillon. Portez à ébullition puis versez la pâte de graines de courge sur la préparation. Ajoutez à nouveau 50 centilitres d'eau. Mélangez. Portez à ébullition. Goûtez et ajoutez du sel et du poivre si besoin.

Laissez réduire pendant 15 minutes à feu moyen en surveillant la cuisson. Si les graines ont absorbé toute l'eau rapidement, ajoutez 25 centilitres pour aller au bout de la cuisson.

difficulté : ❦
préparation : 30 min
cuisson : 45 min

POUR 6 PERSONNES

- 12 gambas fraîches
- 500 g de graines de courge
- 4 tomates fraîches
- 1 oignon
- 3 gousses d'ail
- sel, poivre
- 1 piment
- 1 bouquet garni
- 1 cube de bouillon culinaire épices-oignons
- 20 cl d'huile de tournesol

RECETTE ORIGINAIRE DE :
l'Afrique de l'Ouest

sauce aux graines de courges variantes

SAUCE AUX GRAINES DE COURGE - POULET FUMÉ

nfian ngond au poulet fumé

difficulté : ❦
préparation : 30 min
cuisson : 45 min

POUR 6 PERSONNES

- 500 g de graines de courge
- 4 tomates fraîches
- 1 oignon
- 1 poulet fumé
- 4 gousses d'ail
- sel, poivre
- 2 piments
- 1 bouquet garni
- 2 cubes de bouillon culinaire épices-oignons
- 20 cl d'huile de tournesol

RECETTE ORIGINAIRE DE :
l'Afrique centrale

Écrasez les graines de courge à l'aide d'un mixeur ou dans un robot ménager jusqu'à obtention d'une pâte assez homogène.

Mondez les tomates et concassez-les dans leur jus.

Épluchez l'oignon et l'ail.

Coupez l'extrémité d'un piment et hachez-la finement en prenant soin de retirer tous les pépins.

Dans une marmite, faites revenir l'oignon dans l'huile. Ajoutez les tomates et le piment haché. Mélangez et laissez réduire jusqu'à obtention d'une sauce homogène.

Ajoutez le poulet découpé comme pour une fricassée, en 12 morceaux environ.

Ajoutez 50 centilitres d'eau, le bouquet garni et les cubes de bouillon. Portez à ébullition puis versez la pâte de graines de courge sur la préparation. Ajoutez à nouveau 50 centilitres d'eau. Mélangez. Portez à ébullition.

Salez et poivrez. Laissez réduire pendant 15 minutes à feu moyen en surveillant la cuisson. Si les graines ont absorbé toute l'eau, ajouter 25 centilitres d'eau pour aller au bout de la cuisson.

TRUCS ET ASTUCES

- Ce plat se mange accompagné d'ignames à la vapeur, de bananes plantain cuites à l'eau ou de riz.
- Il est préférable d'acheter des graines de courge entières plutôt que des graines déjà écrasées.

Sauce aux graines de courge - morue

nfian ngond à la morue

difficulté : ❦
préparation : 30 min
cuisson : 45 min

POUR 6 PERSONNES

- 1,8 kg de morue salée séchée
- 500 g de graines de courge
- 4 tomates fraîches
- 1 oignon
- 3 gousses d'ail
- sel, poivre
- 1 piment
- 1 bouquet garni
- 1 cube de bouillon culinaire épices-oignons
- 20 cl d'huile de tournesol

Recette originaire de :
l'Afrique centrale

Passez la morue sous l'eau courante pour la dessaler. Coupez-la en morceaux et placez les morceaux dans une passoire pour les laver à nouveau à grande eau. Laissez-les tremper dans un récipient toute une nuit, ou pendant 12 heures, en changeant une à deux fois l'eau. Retirez la peau et les arêtes.

Passez les graines de courge au mixeur ou dans un robot ménager puissant jusqu'à obtention d'une pâte assez homogène. Pour que la préparation ne soit pas trop granuleuse, ajoutez 1/2 verre d'eau.
Mondez les tomates et concassez-les dans leur jus.
Épluchez l'oignon et l'ail. Prenez un grand récipient de cuisson, type faitout ou couscoussier. Faites revenir l'oignon dans l'huile à feu

moyen pour ne pas trop le dorer. Ajoutez les tomates et l'extrémité du piment sans les pépins. Laissez réduire jusqu'à obtention d'une purée de tomates. Ajoutez 50 centilitres d'eau, le bouquet garni et le cube de bouillon. Portez à ébullition puis versez la pâte de graines de courge sur la préparation et la morue. Ajoutez à nouveau 50 centilitres d'eau. Mélangez. Portez à ébullition.

Ajoutez le bouquet garni, le sel, le poivre. Laissez réduire pendant 15 minutes à feu moyen en surveillant la cuisson. Si les graines ont absorbé toute l'eau rapidement, ajoutez 25 centilitres d'eau pour aller au bout de la cuisson.

sauce aux graines de courges variantes

Sauce aux graines de courge - bœuf

nfian ngond au bœuf

difficulté : ♥
préparation : 30 min
cuisson : 45 min

POUR 6 PERSONNES

- 800 g de paleron ou de gîte de bœuf
- thym
- laurier
- 500 g de graines de courge
- 4 tomates fraîches
- 1 oignon
- 1 poulet fumé
- 3 gousses d'ail
- sel, poivre
- 1 piment
- 1 bouquet garni
- 1 cube de bouillon culinaire épices-oignons
- 20 cl d'huile de tournesol

RECETTE ORIGINAIRE DE :
l'Afrique centrale

Coupez le bœuf en morceaux. Plongez-les dans une casserole remplie d'eau bouillante salée (l'eau doit recouvrir les morceaux). Ajoutez le thym, le laurier, le sel, le poivre et le bouquet garni. Laissez mijoter pendant 45 minutes. Réservez la viande et le bouillon.

Passez les graines de courge au mixeur ou dans un robot ménager puissant (les graines de courges sont assez dures) jusqu'à obtention d'une pâte assez homogène. Pour que la préparation ne soit pas trop granuleuse, ajoutez 1/2 verre d'eau. Mondez les tomates et concassez-les dans leur jus.
Épluchez l'oignon et l'ail. Prenez un grand récipient de cuisson, type faitout ou couscoussier. Faites revenir l'oignon dans l'huile à feu moyen pour ne pas trop le dorer. Ajoutez les tomates et l'extrémité du piment sans les pépins. Laissez réduire jusqu'à obtention d'une purée de tomates. Ajoutez les morceaux de bœuf. Ajoutez 50 centilitres du bouillon dans lequel la viande a cuit, le bouquet garni et le cube de bouillon. Portez à ébullition puis versez la pâte de graines de courge sur la préparation. Ajoutez à nouveau 50 centilitres d'eau. Mélangez. Portez à ébullition.

Ajoutez le bouquet garni, le sel, le poivre. Laissez réduire pendant 15 minutes à feu moyen en surveillant la cuisson. Si les graines ont absorbé toute l'eau rapidement, ajoutez 25 centilitres d'eau pour aller au bout de la cuisson.

Sauce aux graines de courge - gombos

nfian ngond aux gombos

difficulté :
préparation : 30 min
cuisson : 45 min

POUR 6 PERSONNES

- 200 g de gombos
- 500 g de graines de courge
- 4 tomates fraîches
- 1 oignon
- 3 gousses d'ail
- sel, poivre
- 1 piment
- 1 bouquet garni
- 1 cube de bouillon culinaire épices-oignons
- 20 cl d'huile de tournesol

Recette originaire de :
l'Afrique centrale

Retirez les pédoncules et l'extrémité pointue des gombos. Lavez-les et concassez-les grossièrement. Réservez.

Écrasez les graines de courge à sec dans le mixeur. Mondez les tomates et concassez-les dans leur jus. Épluchez l'oignon et l'ail. Prenez un grand récipient de cuisson, type faitout ou couscoussier. Faites revenir l'oignon dans l'huile à feu moyen. Ajoutez les tomates et l'extrémité du piment sans les pépins. Laissez réduire jusqu'à obtention d'une purée de tomates.

Ajoutez les gambos, 50 cl d'eau, le bouquet garni et le cube de bouillon culinaire. Portez à ébullition puis versez la pâte de graines de courge sur la préparation. Ajoutez à nouveau 50 cl d'eau et les gombos concassés. Mélangez. Portez à ébullition. Salez et poivrez.

Laissez réduire pendant 15 minutes à feu moyen en surveillant la cuisson. Si les graines ont absorbé toute l'eau rapidement, ajoutez 25 cl pour aller au bout de la cuisson.

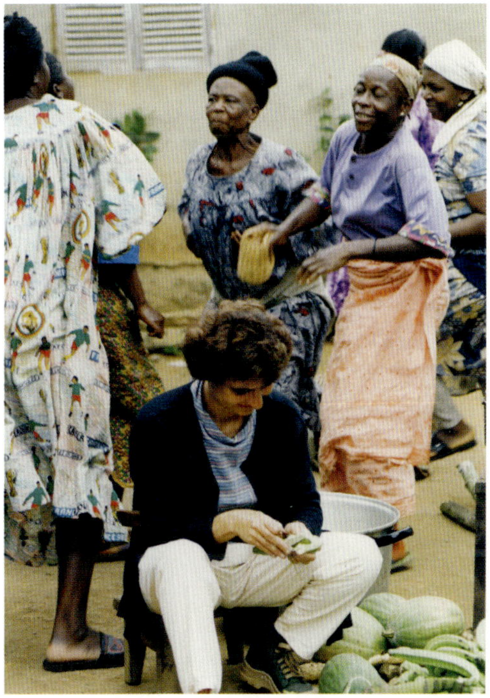

terrine de graines de courge au poulet fumé

Nyam Ngond au Poulet Fumé

Mixez les graines de courges jusqu'à obtention d'une pâte légèrement granuleuse, si possible à l'aide d'un robot électrique puissant (les mixeurs traditionnels étant peu adaptés pour broyer des légumes secs).

Coupez le demi-poulet fumé en quatre morceaux. Ajoutez l'oignon, le sel, le poivre, le bouquet garni, les gousses d'ail broyées, la tomate coupée en quatre, le piment et les cubes de bouillon émiettés. Couvrez le tout d'eau et portez à ébullition. Laissez cuire à feu moyen pendant 30 minutes après le début de l'ébullition. Sortez le poulet de la casserole, laissez-le refroidir. Une fois refroidi, retirez la peau et les os et hachez grossièrement la chair.

Passez le bouillon au chinois. Ajoutez un peu de sel.

Dans une petite bassine, mélangez la pâte de graines de courge avec 1/2 litre de bouillon écumé. Ajoutez l'œuf, la chair hachée de poulet et mélangez le tout.

Versez la préparation dans des ramequins individuels ou dans un moule à gâteau préalablement huilés.

Laissez cuire à la vapeur dans le haut d'un couscoussier pendant 1 heure 15 ou au bain-marie pendant 3/4 d'heure. Pour éviter que l'eau ne passe par dessus les ramequins, recouvrez-les de papier aluminium.

difficulté : ❦
préparation : 20 min
cuisson : 1 h 15 min

POUR 10 PERSONNES

- 500 g de graines de courges africaines
- 1/2 poulet fumé
- 1 œuf
- 1 oignon
- 1 bouquet garni
- 1 piment
- 2 cubes de bouillon culinaire épices-oignons
- 3 gousses d'ail
- 1 tomate
- sel, poivre

Recette originaire de :
Côte d'Ivoire - Togo - Nigeria - Gabon

terrine de graines de courges variantes

TERRINE DE GRAINES DE COURGE AUX BLANCS DE POIREAUX

Nyam Ngond aux blancs de poireaux

difficulté : ❦
préparation : 20 min
cuisson : 1 h 10 min

POUR 10 PERSONNES

- 600 g de poireaux
- 500 g de graines de courges africaines
- 1 œuf
- 4 échalotes
- 1 bouquet garni
- 2 cubes de bouillon culinaire épices-oignons
- 3 gousses d'ail
- sel, poivre

RECETTE ORIGINAIRE DE :
Côte d'Ivoire - Togo - Nigeria - Gabon

Coupez les poireaux dans le sens de la longueur puis en rondelles en prenant soin de ne garder que le blanc.

Plongez-les dans 1 litre d'eau avec les échalotes, les cubes de bouillon culinaire, le bouquet garni, les gousses d'ail, le sel et le poivre jusqu'à ce que le poireau soit totalement ramolli, environ 20 minutes après le début de l'ébullition.
Retirez le bouquet garni.

Mixez les graines de courge en ajoutant 1/2 verre d'eau pour faciliter l'opération.
Versez sur la pâte obtenue 50 centilitres de bouillon écumé et les poireaux ; mélangez jusqu'à obtention d'une pâte à beignet légèrement épaisse. Ajoutez l'œuf.

Versez la préparation dans des ramequins (ou dans un moule à gâteau) préalablement huilés et laissez cuire soit à la vapeur, dans le haut d'un couscoussier, pendant 1 heure 15, soit au bain-marie pendant 3/4 d'heure en prenant soin de recouvrir les ramequins ou le moule de papier aluminium pour éviter que l'eau ne les recouvre.

TERRINE DE GRAINES DE COURGE AU LARD

Nyam Ngond au lard

difficulté : ❦ ❦
préparation : 20 min
cuisson : 1 h 45 min

POUR 10 PERSONNES

- 1 bonne tranche de lard fumé
- 500 g de graines de courges africaines
- 1 œuf
- 1 oignon
- 1 bouquet garni
- 1 piment
- 2 cubes de bouillon culinaire épices-oignons
- 3 gousses d'ail
- 1 tomate
- sel, poivre

RECETTE ORIGINAIRE DE :
Côte d'Ivoire - Togo - Nigeria - Gabon

Retirez la couenne de la tranche de lard, recouvrez-la d'eau dans une casserole puis portez à ébullition.

Coupez la tranche de lard en dés. Mettez-les dans la casserole 15 minutes après le début de l'ébullition et laissez cuire à feu moyen pendant 15 autres minutes.

Mixez les graines de courges jusqu'à obtention d'une pâte légèrement granuleuse, si possible à l'aide d'un robot électrique puissant (les mixeurs traditionnels sont peu adaptés pour broyer des légumes secs).

Couvrez d'eau les dés de lard, l'oignon, le sel, le poivre, le bouquet garni, les gousses d'ail broyées, la tomate coupée en quatre, le piment et les cubes de bouillon émiettés. Portez à ébullition. Laissez cuire à feu moyen pendant 30 minutes après le début de l'ébullition.

Passez le bouillon au chinois. Ajoutez un peu de sel.

Dans une petite bassine, mélangez la pâte de graines de courge avec les dés de lard et 1/2 litre de bouillon écumé. Ajoutez l'œuf et mélanger le tout.

Versez la préparation dans des ramequins individuels (ou dans un moule à gâteau) préalablement huilés.

Laissez cuire à la vapeur dans le haut d'un couscoussier pendant 1 h 15, ou au bain-marie pendant 3/4 d'heure. Pour éviter que l'eau ne passe par dessus les ramequins, recouvrez-les de papier aluminium.

Le manioc

Le manioc est un aliment de base pour un demi-milliard de personnes dans le monde. Il est cultivé depuis des siècles sous les tropiques.

Comme ses racines peuvent être cultivées puis laissées dans le sol pendant de longues périodes, c'est, pour les agriculteurs pauvres, une tubercule idéale : elle est hyper calorique, disponible toute l'année et supporte des conditions climatiques extrêmes.

Il existe deux variétés de manioc : la variété amère, qui est un poison quand elle est crue et la variété douce, utilisée en cuisine. Il suffit alors de peler le tubercule et de le cuire à l'eau bouillante comme une pomme de terre.

Riche en féculent, le manioc peut être fermenté ou cuit. On l'utilise alors pour faire de la farine, du pain, du tapioca, du sucre, de l'amidon de blanchisserie et même une boisson alcoolisée. Ses feuilles pilées sont à la base du délicieux « saka-saka » congolais. Le tubercule de manioc peut se manger cru. On le trempe dans de l'eau fraîche pour qu'il perde son amidon avant d'être transformé en farine qui servira à préparer le « fufu ». Après trempage, on peut aussi le transformer en tapioca, en « attiéké » (Côte d'Ivoire) ou en bâton de manioc (« chikwan »). Mélangé à l'huile de palme, le manioc devient mintumba, pâte de couleur jaune que l'on cuit à l'étouffée et qui se mange seule ou comme légume d'accompagnement.

Le manioc est l'aliment de base de la cuisine africaine même s'il est moins présent dans les pays du Sahel : en effet, le manioc est une plante qui nécessite de l'eau.

« Le mouton lui-même regarde le visage de celui qui lui apporte du MANIOC, avant de le manger. »

PROVERBE POPULAIRE *

* À propos de la méfiance...

MISE AU POINT SUR LE MANIOC

Chikwan

Tubercule de manioc

Bâton de manioc

Attiéké

Mitoumba

Miondo

attiéké

Semoule de manioc

La technique traditionnelle de préparation de l'attiéké consiste à faire fermenter le tubercule de manioc épluché en le trempant pendant plusieurs jours dans de l'eau, voire pendant plusieurs semaines.
Il faut ensuite en retirer les nervures et le faire sécher.
Mais on peut l'acheter prêt à consommer sur le marché : c'est un produit qui se conserve peu de temps et toujours dans un endroit frais.

Placez l'attiéké dans la partie haute du couscoussier après l'avoir travaillé avec les doigts pour l'émietter. Remplissez la marmite du couscoussier d'eau non salée. Portez à ébullition.

Au bout de 10 minutes, mettez l'attiéké dans une grande bassine et égrenez-le à nouveau.

Avant de servir, refaites-le chauffer durant quelques minutes en le remettant dans la vapeur dans la partie supérieure du couscoussier.

difficulté : ♥ ♥
préparation : 20 min
cuisson : 10 min

POUR 6 PERSONNES

- 800 g d'attiéké
- eau

Recette originaire de :
Côte d'Ivoire

manioc bouilli

Épluchez le manioc, grattez la première pellicule de la pulpe à l'aide du tranchant d'un couteau, lavez-le.

Coupez-le en morceaux pas trop gros et réguliers.

Faites bouillir les morceaux dans une marmite d'eau salée pendant 30 minutes.

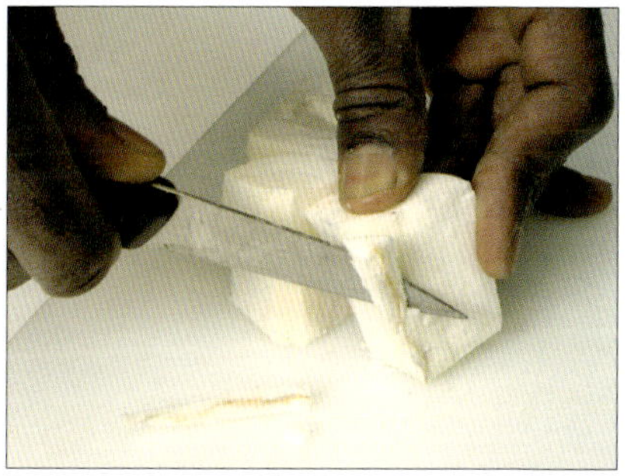

difficulté :
préparation : 5 min
cuisson : 30 min

POUR 4 PERSONNES

- 1 kg de manioc
- eau
- sel

RECETTE ORIGINAIRE DE :
toute l'Afrique Noire

manioc au four et à la braise

Épluchez le manioc. Coupez-le en 4 ou 5 grosses tranches puis lavez les morceaux.

Grattez soigneusement chaque morceau à l'aide du tranchant d'un couteau pour ôter la première pellicule du tubercule.

Lavez à grande eau et séchez.

Placez les morceaux sur une plaque recouverte de papier aluminium ou directement sur la grille dans un four préchauffé à 210° C (thermostat 7) pendant 20 minutes.

Truc et Astuce

Le manioc peut aussi se cuire à la braise, sur un barbecue.
Il suffit de poser les morceaux sur une grille au-dessus des braises et de les retourner régulièrement jusqu'à ce que la pointe d'un couteau entre facilement dans la chair.

difficulté :
préparation : 10 min
cuisson : 20 min

POUR 6 PERSONNES

- 1 kg de manioc (tubercule)

Recette originaire de :
toute l'Afrique Noire

chips de manioc

Épluchez le manioc, lavez-le et grattez à l'aide du tranchant du couteau la première pellicule du tubercule.

Coupez-le en petits morceaux rectangulaires et chaque morceaux en tranches très fines.

Faites-les frire dans un bain d'huile très chaude pendant quatre minutes, jusqu'à ce qu'ils deviennent dorés. Entre chaque bain, attendez une ou deux minutes pour que l'huile revienne à bonne température.

Sortez-les de l'huile, égouttez-les et posez-les sur du papier absorbant pour éponger le surplus d'huile. Saupoudrez de sel.

Truc et Astuce

Les chips sont servis en apéritif ou avec un plat en sauce.

difficulté : ●
préparation : 5 min
cuisson : 2 min par bain d'huile

POUR 6 PERSONNES

- 1 kg de manioc
- 2 l d'huile de tournesol
- sel

Recette originaire de :
toute l'Afrique Noire

beignets de manioc

Épluchez le manioc, lavez-le et grattez à l'aide du tranchant du couteau la première pellicule de la pulpe du tubercule.

Râpez-le. Essorez légèrement la pâte obtenue, y ajouter la banane pilée et le sel. Mélangez jusqu'à obtention d'une pâte homogène.

Faites chauffer l'huile, ajoutez-y les boulettes de pâte et laissez cuire pendant 5 minutes en les retournant.

Truc et Astuce

Les beignets de manioc se consomment de préférence chauds au petit déjeuner ou au goûter avec de la purée de piment.

difficulté : ♥
préparation : 20 min
cuisson : 5 min par fournée

POUR 6 PERSONNES

- 1 kg de manioc
- 600 g de bananes
- 1 pincée de sel
- 2 l d'huile de palme

Recette originaire de :
toute l'Afrique Noire

galettes de manioc

Épluchez le manioc, lavez-le et grattez la première pellicule de la pulpe à l'aide du tranchant d'un couteau. Râpez-le et pressez la préparation obtenue pour la débarrasser de l'eau et d'une partie de l'amidon.

Mixez alors le manioc râpé pour obtenir une pâte.
Salez.

Étendez la pâte au rouleau jusqu'à ce qu'elle ait 5 millimètres d'épaisseur. Découpez-la en galettes rondes ou carrées.
Faites frire les galettes dans un bain d'huile bien chaude pendant quatre minutes.

Égouttez-les et déposez-les sur du papier absorbant pour éponger l'excédent d'huile.

Quand les galettes ont refroidi, saupoudrez-les de sucre.

Truc et Astuce

Les galettes se mangent au goûter.

difficulté :
préparation : 30 min
cuisson : 4 min

POUR 4 PERSONNES

- 1 kg de manioc
- sel
- 2 l d'huile de tournesol
- sucre en poudre

Recette originaire de :
toute l'Afrique Noire

fufu

Pâte de Manioc

Portez l'eau à ébullition. Dès que l'eau bout, retirez-en un tiers et réservez-la.

Versez la farine sur les 2/3 d'eau restant sur le feu.
Tournez énergiquement avec un bâton en bois de la forme d'une batte (« bâton à couscous ») en raclant les bords de la marmite jusqu'à obtention d'une pâte consistante.
Ajoutez un peu d'eau s'il reste de la farine.

Versez le tiers d'eau restant à petites doses afin d'obtenir une pâte ayant la consistance d'une pâte à pain, sans grumeaux.

difficulté :
préparation : 10 min
cuisson : 5 min

POUR 4 PERSONNES

- 1 l d'eau
- 500 g de farine de manioc

Recette originaire du :
Cameroun

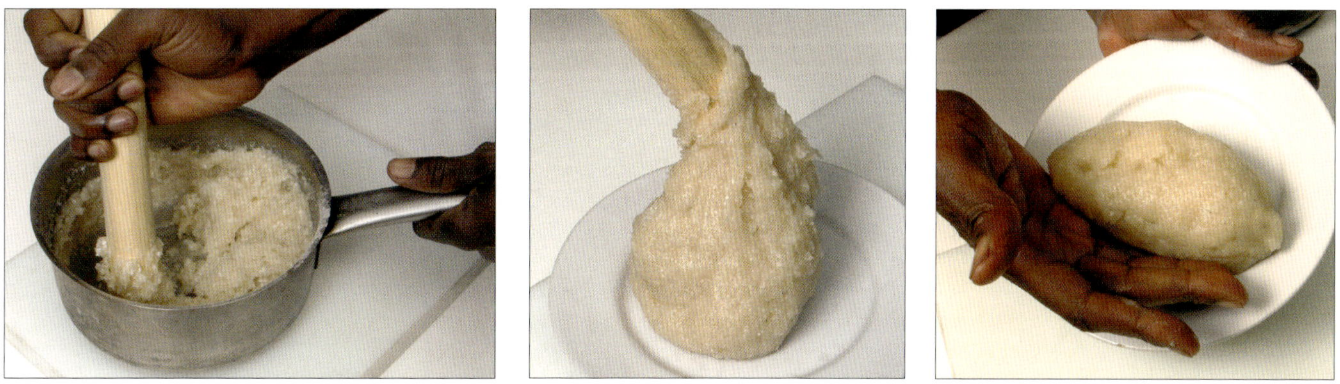

ZOOM SUR

le saka-saka

Le saka-saka est une préparation à base de feuilles de manioc et de jus de noix de palmier. C'est l'une des plantes les plus consommées en Afrique Noire.

Les feuilles sont généralement préparées fraîches et elles sont meilleures à la saison des pluies, en octobre. Mais on peut aussi les faire sécher pour pouvoir en manger en toute saison. Le saka-saka était autrefois le plat du pauvre par excellence. Il ne l'est plus car le jus de palmiste est devenu de plus en plus rare donc de plus en plus cher. On achète aujourd'hui le saka-saka prêt à l'emploi, déjà pilé et manufacturé.

Les feuilles de manioc se préparent aussi avec des arachides, de la viande ou sous forme de gâteaux cuits à l'étouffée dans des feuilles de bananier.

Dans les années 80, ce plat était très fréquemment cuisiné. À tel point que ceux qui ne souhaitaient pas en manger midi et soir faisaient circuler la rumeur que consommer au cours d'un même repas, le soir, les feuilles et le tubercule de manioc provoquaient d'affreux cauchemars.

À ceux qui festoient de feuilles et de tubercule de manioc, on dit généralement, pour se moquer, qu'ils ont mis un uniforme. Que nos lecteurs n'imaginent pas qu'on les « blouse » ou qu'on leur « fait porter

le chapeau » en leur proposant du manioc avec le saka-saka : c'est, quoi qu'en disent les rieurs, le légume qui l'accompagne le mieux !

Le petit-déjeuner du pauvre reste le tubercule de manioc de la veille réchauffé sur des braises, parfois agrémenté de fruits braisés ou pochés dans l'eau, comme le safu dont on ne mange que la chair.

Comme pour le pain perdu, on peut récupérer le tubercule de manioc bouilli de la veille. On le trempe dans de l'eau froide sans sel, eau que l'on renouvelle chaque jour en prenant soin de ne pas y tremper les doigts. Une semaine après cette séance de trempage, le manioc, coupé en petits dés, est très agréable à déguster.

saka-saka

Sauce de feuilles de manioc pliées

- Faites revenir l'oignon émincé dans l'huile d'arachide.

- Versez la sauce-graine. Mélangez.

- Ajoutez le saka-saka et la pâte d'arachide.

- Laissez mijoter le tout à feu doux durant 45 minutes en remuant de temps en temps la préparation.

- Servez avec du riz ou du manioc.

difficulté :
préparation : 10 min
cuisson : 45 min

POUR 4 PERSONNES

- 1 oignon
- 1 boîte de sauce-graine
- 2 cuillerées à soupe d'huile d'arachide
- 300 g de saka-saka
- 3 cuillerées à soupe de pâte d'arachide

Recette originaire du : Cameroun

saka-saka variantes

Saka-saka au poisson fumé

sauce de feuilles de manioc au poisson fumé

difficulté : ♥
préparation : 20 min
cuisson : 1 h 15 min

POUR 4 PERSONNES

- 2 poissons séchés fumés
- 1 oignon
- 1 boîte de sauce-graine
- 2 cuillerées à soupe d'huile d'arachide
- 300 g de saka-saka
- 3 cuillerées à soupe de pâte d'arachide

Recette originaire du :
Congo

Faites bouillir une casserole d'eau. Arrêtez le feu puis plongez les poissons dans l'eau bouillante pendant 10 minutes. Les poissons s'émietteront un peu en se réhydratant.

Faites bouillir le contenu de la boîte de sauce-graine pendant 10 minutes.

Ajoutez le saka-saka et laissez bouillir pendant 10 autres minutes.

Ajoutez la pâte d'arachide et deux verres d'eau. Laissez mijoter à feu moyen pendant 30 minutes en ajoutant de temps en temps un peu d'eau et en tournant pour éviter que la préparation n'attache au fond de la marmite.

Ajoutez les morceaux de poisson séché et laissez mijoter 15 autres minutes.

Faites revenir l'oignon émincé dans un peu d'huile d'arachide. Ajoutez-le à la préparation.

Servez avec du manioc.

SAKA-SAKA AU BŒUF

sauce de feuilles de manioc pilées au bœuf

difficulté :
préparation : 20 min
cuisson : 1 h 25 min

POUR 4 PERSONNES

- 350 g de paleron ou de gîte de bœuf
- 1 oignon
- 1 boîte sauce-graine
- 300 g de saka-saka
- 3 cuillerées à soupe de pâte d'arachide
- 3 cuillerées à soupe d'huile d'arachide
- 1 bouquet garni
- sel, poivre

RECETTE ORIGINAIRE DU :
Congo

Faites bouillir le bœuf coupé en morceaux dans 1,5 litre d'eau pendant 20 minutes après le début de l'ébullition. Ajoutez le sel, le poivre et le bouquet garni. Réservez.

Faites bouillir le contenu de la boîte de sauce-graine pendant 10 minutes.

Ajoutez le saka-saka et laissez bouillir pendant 10 autres minutes.

Ajoutez la pâte d'arachide et deux verres d'eau. Laissez mijoter à feu moyen pendant 30 minutes en ajoutant de temps en temps un peu d'eau et en tournant pour éviter que la préparation n'attache au fond de la marmite.

Ajoutez les morceaux de bœuf et laissez mijoter 15 autres minutes.

Faites revenir l'oignon émincé dans un peu d'huile d'arachide. Ajoutez-le à la préparation.

Servez avec du manioc.

saka-saka variantes

SAKA-SAKA AU POISSON FRAIS

sauce de feuilles de manioc pilées au poisson frais

difficulté : ♥
préparation : 20 min
cuisson : 1 h 30 min

POUR 4 PERSONNES

- 2 capitaines (bars) de 700 g environ chacun
- 50 g de farine
- 1/4 l d'huile de tournesol
- 1 oignon
- 1 boîte de sauce-graine
- 3 cuillerées à soupe de pâte d'arachide
- 300 g de saka-saka
- sel

RECETTE ORIGINAIRE DU :
Congo

Nettoyez les poissons, retirez les têtes. Coupez-les en deux et farinez-les. Dans une marmite de cuisson à fond épais, faites-les frire dans une huile bien chaude, deux minutes de chaque côté. Réservez.

Faites bouillir le contenu de la boîte de sauce-graine pendant 10 minutes.

Ajoutez le saka-saka et laisser bouillir pendant 10 autres minutes.

Ajoutez la pâte d'arachide et 2 verres d'eau. Laissez mijoter à feu moyen pendant 30 minutes en ajoutant de temps en temps un peu d'eau et en tournant pour éviter que la préparation n'attache au fond de la marmite.

Ajoutez les morceaux de poisson frais et laissez mijoter 15 autres minutes.

Faites revenir l'oignon émincé dans l'huile d'arachide. Ajoutez-le à la préparation.

Servez avec du manioc.

Saka-saka au poulet fumé

sauce de feuilles de manioc pilées au poulet fumé

difficulté : ♥
préparation : 10 min
cuisson : 1 h 10 min

POUR 6 PERSONNES

- 1 poulet fumé
- 1/4 l d'huile de tournesol
- 1 oignon
- 1 boîte de sauce-graine
- 3 cuillerées à soupe de pâte d'arachide
- 300 g de saka-saka

Recette originaire du :
Congo

Coupez le poulet fumé en six morceaux.

Faites bouillir le contenu de la boîte de sauce-graine pendant 10 minutes.

Ajoutez le saka-saka et laissez bouillir pendant 10 autres minutes.

Ajoutez la pâte d'arachide et 2 verres d'eau. Laissez mijoter à feu moyen pendant 30 minutes en ajoutant de temps en temps un peu d'eau et en tournant pour éviter que la préparation n'attache au fond de la marmite.

Ajoutez les morceaux de poulet et laissez mijoter 15 autres minutes.

Faites revenir l'oignon émincé dans un peu d'huile d'arachide. Ajoutez-le à la préparation.

Servez avec du manioc.

Les Condiments et les Aromates

Condiments et aromates occupent une place importante dans la cuisine africaine : pépé, djansan, écorce de l'arbre à l'ail ou omi ou alom, gingembre, ail, piment, poivre sauvage (qui ressemble à une grosse gousse d'ail brune) etc., figurent invariablement dans le placard des produits courants des ménagères africaines.

En Afrique de l'Ouest, on ajoute dans certains plats, comme le tiep bou dien, le « yet », un mollusque fermenté ressemblant à un escargot de mer que l'on trouve au large des côtes du Sénégal. Son goût très fort parfume les plats. On le trouve en France en petits morceaux déjà déshydratés et fermentés que l'on achète au poids, très cher. Le gingembre, dont on vante les vertus aphrodisiaques, entre dans la composition d'une multitude de plats.

« L'amour est comme un bol de miel empli de PIMENT. »

PROVERBE WOLOF

MISE AU POINT SUR LES CONDIMENTS ET LES AROMATES

DJANSAN

GINGEMBRE

PÈPÈ

OMI OU ALOM OU ÉCORCE DE L'ARBRE À L'AIL

YET

PIMENT

pépé-soupe de capitaine aux ignames

Coupez les têtes et les nageoires des poissons. Écaillez-les, videz-les et lavez-les. Coupez chaque poisson en deux (voir photo). Réservez.

Épluchez et retirez la peau des ignames. Coupez-les en cubes de taille moyenne.

Mixez le persil et le gingembre épluché et coupé en dés.
Ouvrez les cosses de pépé et récupérez les graines.
Ajoutez l'ail et l'oignon haché, les graines de djansan et l'huile jusqu'à obtention d'une marinade onctueuse. Réservez.

Remplissez une marmite avec 1,5 litre d'eau. Versez la marinade dans la marmite et portez à ébullition. Ajoutez les ignames. 10 minutes après le début de l'ébullition, ajoutez le poisson. Dès que l'eau se remet à bouillir, attendez à nouveau 10 minutes puis baissez le feu, salez, poivrez, ajoutez le piment entier non percé et laissez réduire jusqu'à obtention d'une soupe onctueuse.

Trucs et astuces

- Pour ouvrir facilement les graines de pépé, il faut les chauffer.
- Pour pouvoir conserver plus longtemps la marinade, il est préférable de mixer persil, gingembre, graines de pépé et de djansan, ail, échalotes et oignon dans de l'huile.

difficulté :
préparation : 20 min
cuisson : 60 min

POUR 6 PERSONNES

- 3 capitaines (bars) de 600 g chacun
- 1 kg d'igname
- 50 g de djansan
- 1 botte de persil
- 30 g de gingembre
- 5 graines de pépé
- 2 oignons
- 3 gousses d'ail
- sel, poivre
- 1 piment antillais
- 1/2 l d'huile

Recette originaire du :
Togo - Cameroun - Côte d'Ivoire

pépé variantes

PÉPÉ-SOUPE DE QUEUE DE BŒUF AUX BANANES PLANTAIN

difficulté :
préparation : 20 min
cuisson : 1 h

POUR 6 PERSONNES

- 1,2 kg de queue de bœuf
- 6 bananes plantain vertes
- 50 g de djansan
- 1 botte de persil
- 30 g de gingembre
- 5 graines de pépé
- 2 oignons
- 3 gousses d'ail
- sel, poivre
- 1 bouquet garni
- 1 piment antillais
- 3 cubes de bouillon culinaire épices - oignons
- 1/2 l d'huile

RECETTE ORIGINAIRE DU :
Togo - Cameroun - Côte d'Ivoire

Faites couper la queue de bœuf par le boucher en portions égales.

Mixez le persil et le gingembre épluché et coupé en dés, les graines de pépé, l'ail et l'oignon haché, les graines de djansan et l'huile jusqu'à obtention d'une marinade onctueuse. Réservez.

Épluchez les bananes. Coupez leurs extrémités, entaillez la peau dans le sens de la longueur en trois endroits différents à l'aide de la pointe d'un couteau. Coupez chaque banane en quatre.

Remplissez une marmite d'1,5 litre d'eau. Ajoutez les cubes de bouillon culinaire et le bouquet garni. Versez les 3/4 de la marinade et les morceaux de queue de bœuf dans la marmite et portez à ébullition.

30 minutes après le début de l'ébullition, ajoutez les bananes. Dès que l'eau se remet à bouillir, attendez à nouveau 15 minutes puis baissez le feu, salez, poivrez, ajoutez le piment entier non percé et laissez réduire jusqu'à obtention d'une soupe onctueuse.

Ajoutez le reste de la marinade suivant le goût.

Pépé - Soupe de Misounga

pépé-soupe de tripes

difficulté :
préparation : 20 min
cuisson : 1 h

POUR 6 PERSONNES

- 1 kg de tripes de bœuf
- 6 bananes plantain vertes
- 50 g de djansan
- 1 botte de persil
- 30 g de gingembre
- 5 graines de pépé
- 2 oignons
- 4 gousses d'ail
- sel, poivre
- 1 bouquet garni
- 1 piment antillais
- 3 cubes de bouillon culinaire épices-oignons
- 1/2 l d'huile

Recette originaire du :
Togo - Cameroun - Côte d'Ivoire

Faites couper les tripes par le boucher en portions égales. Lavez-les à grande eau.

Mixez le persil, le gingembre épluché et coupé en dés, les graines de pépé, l'ail et l'oignon haché, les graines de djansan et l'huile jusqu'à obtention d'une marinade onctueuse.

Épluchez les bananes. Coupez leurs extrémités, entaillez la peau dans le sens de la longueur en trois endroits différents à l'aide de la pointe d'un couteau. Coupez chaque banane en quatre.

Remplissez une marmite d'1.5 litre d'eau. Ajoutez le bouquet garni et les cubes de bouillon culinaire. Versez les 3/4 de la marinade et les tripes dans la marmite et portez à ébullition.

30 minutes après le début de l'ébullition, ajoutez les bananes et le piment entier non percé. Dès que l'eau se remet à bouillir, attendez à nouveau 15 minutes puis baissez le feu, salez, poivrez et laissez réduire jusqu'à obtention d'une soupe onctueuse.

Ajoutez le reste de la marinade suivant le goût.

Truc et astuce

Les tripes étant assez fades, le piment est très important dans ce plat qui doit se manger relevé.

ZOOM SUR

la marinade

Le meilleur souvenir que l'on garde de toutes les capitales africaines, d'un point de vue gastronomique, ce sont les grillades.

Chaque ville a son originalité, sa particularité en terme de grillades qui font leur réputation. Ces lieux chaleureux, vivants, conviviaux, où les gastronomes mettent leurs papilles en fête, commencent à vivre à la tombée de la nuit.

A Yaoundé, par exemple, dans le quartier dit « du Ministère des Soya » (où l'on ne trouve, curieusement, aucun ministère mais une formidable concentration marchande et de nombreux chalands !), on peut déguster des petites brochettes de bœuf, de poulet et de mouton braisé. Le quartier de la Montée Caveau assoit, pour sa part, sa réputation sur les poissons grillés.

Au Sénégal, avec le même principe de lieux de restauration à ciel ouvert, les marchand(e)s des « digibiteries » proposent de la viande grillée aux passants.

Pour épicer le goût des viandes et des poissons frais, il faut une bonne marinade. L'élément incontournable de sa préparation est le pépé, roi des aromates. Il se présente sous la forme d'une cosse brune et dure à l' intérieur de laquelle se trouve une graine. C'est cette graine, pilée et mélangée à de nombreux autres aromates, qui permet de réaliser la marinade.

L'utilisation de l'huile est très importante pour la conservation du produit. Avec de l'huile, on peut préparer une grande quantité de marinade et la garder un mois dans un endroit frais. Préparée à l'eau, il faut la consommer immédiatement.

Une bonne marinade doit impérativement mêler les saveurs épicées des graines de djansan indispensables à son onctuosité, du gingembre, de l'ail, de l'oignon, des échalotes, du piment, du gros sel, du bouillon culinaire, du persil et la fameuse graine de pépé.

Une fois tous ces ingrédients broyés, le principe de la marinade est simple : il suffit de badigeonner les viandes en n'oubliant pas d'y ajouter un jus de citron pour les poissons et les laisser mariner entre une heure et, si possible, une nuit entière avant de les cuire.

marinade

Coupez le gingembre en dés. Épluchez-les avec un économe ou en grattant avec un couteau.

Hachez grossièrement l'oignon, l'ail, les échalotes et le persil.

Mixez ensemble les graines de pépé, les graines de djansan, les cubes de bouillon culinaire, le gros sel, la moitié du piment et de l'oignon, l'ail, les échalotes et le persil haché grossièrement avec les 3/4 du litre d'huile jusqu'à obtention d'une sauce liquide très verte.
Ajoutez le 1/3 d'huile qui reste à la fin.

La marinade se conserve un bon mois au réfrigérateur. Il est donc possible d'en préparer une quantité importante à l'avance pour mariner de nombreux plats.

Truc et astuce

Concernant la découpe du gingembre, on perd beaucoup de pulpe en utilisant un économe. Il est préférable de couper le gingembre en dés puis de gratter chaque dé avec le tranchant d'un couteau.

difficulté : 1
préparation : 10 min
cuisson : 40 min

POUR UN LITRE ET DEMI DE MARINADE

- 1 l d'huile de tournesol
- 5 échalotes
- 2 oignons
- 150 g de gingembre
- 4 graines de pépé épluchées
- 100 g de graines de djansan
- 200 g de persil
- 1 gousse d'ail
- 4 cubes de bouillon culinaire épices-légumes
- 2 poignées de gros sel
- 1 moitié de piment antillais (garder la partie inférieure où il n'y a pas de graines)

Recette originaire du : Cameroun

marinade de poulet braisé

- Passez le poulet sur la flamme du gaz pour griller les duvets qui restent sur la chair. Nettoyez-le. Incisez la peau sur le blanc et les cuisses à l'aide d'un couteau très tranchant (les entailles doivent être longues mais peu profondes).

- Badigeonnez l'intérieur et l'extérieur du poulet de sauce marinade à l'aide d'un gros pinceau ou directement à la main.

- Laissez mariner dans le réfrigérateur au minimum une heure. L'idéal est de préparer le poulet la veille.

- Grillez le poulet sur un barbecue pendant 30 minutes en le retournant à mi-cuisson.

- Servez avec des bananes plantain frites.

difficulté :
préparation : 10 min
cuisson : 30 min

POUR 4 PERSONNES

- 1 poulet
- 1 bol de marinade
  (voir recette page 149)

Recette originaire du : Cameroun

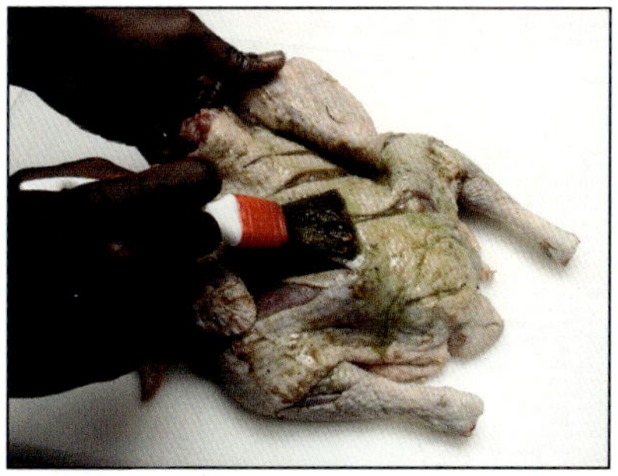

Trucs et astuces

- Si vous avez de l'arôme Maggi, vous pouvez en badigeonner le poulet après l'avoir incisé et avant de le mariner pour renforcer sa saveur.
- Si vous ne possédez pas de barbecue ni de grill, faites cuire le poulet dans le four préchauffé à 180° C (thermostat 7). Commencez la cuisson avec la partie ventrale au-dessus. À mi-cuisson, retournez le poulet pour obtenir une coloration homogène de la peau. Arrosez de temps en temps. La cuisson se fait à 210° C (thermostat 8) pendant 30 minutes.
- Si vous possédez la fonction grill dans votre four, faites d'abord cuire le poulet pendant 20 minutes au four puis terminez la cuisson sous le grill pendant 10 minutes à 210° C (thermostat 8).

marinade variante

Marinade de poisson braisé

difficulté :
préparation : 15 min
cuisson : 30 min

POUR 4 PERSONNES

- 1 capitaine (bar)
- 1/2 bol de marinade (voir recette p. 149)

Recette originaire du :
Cameroun

Videz et écaillez le poisson. Coupez les nageoires. Lavez-le.

Badigeonnez l'extérieur et l'intérieur du poisson de sauce marinade à l'aide d'un gros pinceau.

Faites cinq entailles de chaque côté du poisson dans le sens de la hauteur (du dos vers le ventre).

Laissez mariner une nuit entière .

Grillez le poisson sur un barbecue ou sur le grill du four pendant 30 minutes à 210° C, thermostat 8.

Rebadigeonnez le poisson de marinade quand il est cuit.

Servez avec des bananes plantain frites ou du riz.

ndomba de poisson

Machoiron en papillote dans des feuilles de bananier

Nettoyez les poissons, coupez-les en deux en conservant la tête. Réservez le tout dans un grand saladier.

Flambez les feuilles de bananier. Réservez.

Mondez les tomates ; concassez-les. Ajoutez-les dans le saladier.
Épluchez l'ail et les échalotes. Ajoutez-les dans le saladier.
Nettoyez les cives, hachez-les, ajoutez-les dans le saladier.
Coupez le piment en deux, retirez les pépins, découpez les deux parties en fines lanières. Hachez-les finement. Ajoutez-les dans le saladier.
Émiettez les cubes de bouillon culinaire dans le saladier, ajoutez l'huile, mélangez l'ensemble à l'aide d'une spatule. Salez, poivrez.
Lavez et coupez les citrons en quartiers. Réservez.
Utilisez une assiette creuse pour composer les papillotes avec les feuilles de bananier.

Répartissez cette préparation dans chaque papillote et ajoutez un quartier de citron vert, une feuille de laurier, une branche de thym et un piment entier.

Faites cuire à la vapeur dans le haut du couscoussier pendant 1 heure et demie.

Trucs et astuces

- Vous pouvez remplacer les feuilles de bananier par du papier aluminium.
- Vous pouvez laisser mariner la préparation toute la nuit.
- Vous pouvez utiliser d'autres poissons de votre choix. Si vous n'avez pas de couscoussier, faites cuire les papillotes dans une marmite au bain-marie en les surélevant dans l'eau.

difficulté : ♥
préparation : 30 min
cuisson : 90 min

POUR 6 PERSONNES

- 9 machoirons de 400 g
- 4 tomates
- 3 échalotes
- 3 gousses d'ail
- 2 bouquets de cives
- 6 branches de thym frais
- 6 feuilles de laurier frais
- 3 cubes de bouillon culinaire épices-oignon
- 2 citrons verts
- 7 piments
- 6 cuillerées à soupe d'huile d'olive
- sel, poivre
- feuilles de bananier

Recette originaire du :
Cameroun et de l'Afrique centrale

jus de gingembre

Djindja

Coupez le gingembre en petits morceaux sans retirer la peau puis lavez-les à grande eau.

Mixez-les avec 1/2 litre d'eau. Versez la mixture dans un « chinois » au-dessus d'un grand récipient pour recueillir le jus.

Pressez la pulpe restée au fond du chinois pour en extraire tout le jus. Versez sur la pulpe un autre 1/2 litre d'eau.

Ajoutez à la préparation un litre de jus d'ananas, le jus de citron, le sucre en poudre, l'extrait de vanille et quelques feuilles de menthe fraîche.

Servez très frais.

difficulté :
préparation : 20 min
cuisson : 60 min

POUR DEUX LITRES DE JUS

- 150 g de gingembre frais
- 5 gouttes d'extrait de vanille
- 25 ml de jus de citron pressé (en bouteille)
- 6 cuillerées à soupe de sucre en poudre
- 1 l de jus d'ananas
- feuilles de menthe fraîche

Recette originaire de :
l'Afrique Noire

purée de piments

Odoundo

Nettoyez les piments. Retirez les pédoncules.

Mixez les piments, l'ail et les échalotes hachés grossièrement, les cubes de bouillon culinaire, le sel, le poivre jusqu'à obtention d'une purée.

Ajoutez l'huile. Mélangez.

Truc et astuce

La présence de l'huile dans la préparation permet de la conserver deux à trois semaines au réfrigérateur. On peut stériliser ou pasteuriser la purée pour une conservation plus longue.

difficulté :
préparation : 20 min
cuisson : 60 min

POUR 100 GR. DE PURÉE

- 100 g de gros piments rouges antillais
- 15 cl d'huile de tournesol ou 5 cuillères à soupe
- sel
- une douzaine de grains de poivre noir
- 2 échalotes
- 2 gousses d'ail
- 2 cubes de bouillon culinaire épices-oignons

Recette originaire du :
Cameroun

La Sauce Ébène

La sauce ébène ou sauce mbongo est une recette qui vient essentiellement du pays Bassa, au Cameroun, et dont la préparation est aujourd'hui répandue dans toute l'Afrique centrale.

Elle doit sa teinte à celle de la poudre noire du mbongo. La préparation de cette poudre est très longue et difficile : il faut toute une journée pour brûler et mixer les aromates et condiments qui la composent, le « mbongo » (poivre sauvage du Cameroun) et le « omi » (écorce de l'arbre à l'ail).

On trouve la sauce ébène déjà manufacturée, sous forme de sachet, partout dans le commerce. Pour renforcer la saveur de cette poudre, il faut y ajouter les condiments suivants : des graines de djansan, du piment, du gingembre, de l'ail, de l'oignon, du persil et des graines de pépé.

« On ne peut pas retirer le SEL de la SAUCE. »

PROVERBE POPULAIRE AFRICAIN

MISE AU POINT SUR LA SAUCE ÉBÈNE

Poivre sauvage du Cameroun (mbongo)

Écorce de l'arbre à l'ail

Poudre de Mbongo

ZOOM SUR

Le mbongo tchobi

Mbongo tchobi signifie « sauce mbongo au poisson ». Cette recette nous vient essentiellement du pays Bassa, au Cameroun. À l'origine, la sauce mbongo n'était pas noire. La recette a évolué. Le fait de brûler les aromates permet de libérer le meilleur de leur parfum.

Ce plat déclencherait la terreur des hommes, notamment celle des célibataires ne souhaitant pas se marier. Dans la noirceur de la sauce, la légende dit que les femmes ajouteraient des épices magiques, des condiments envoûtants et des herbes maléfiques totalement invisibles mais qui auraient le pouvoir de capturer, en deux coups de cuillère à pot, le convive convoité ! Cette technique qui permettrait aux femmes de glisser des charmes dans l'assiette de celui qu'elles veulent rendre amoureux et docile s'appelle « le toba-assis », littéralement « assieds-toi ».

sauce mbongo au poisson

Sauce Ébène au Poisson

Videz, écaillez et nettoyez chaque poisson. Coupez les têtes, les nageoires et les queues. Découpez chaque poisson en trois morceaux. Faites-les frire à feu vif sans les fariner pendant 5 minutes environ. Réservez.

Faites revenir l'oignon coupé grossièrement dans un peu d'huile. Ajoutez les tomates mondées et coupées en petits morceaux. Laissez mijoter à feu doux jusqu'à obtention d'une purée. Ajoutez alors la marinade, le thym, le laurier, les cubes de bouillon, les sachets de sauce ébène. Ajoutez 1/2 litre d'eau. Augmentez la puissance du feu et laissez réduire la sauce pendant 15 minutes après le début de l'ébullition.

Ajoutez alors les morceaux de poisson dans la préparation. Ajoutez 1/2 litre d'eau. Salez. Après ébullition, laissez mijoter à feu doux pendant 10 minutes. Posez un piment sur la préparation à la fin de la cuisson.

difficulté : ❦ ❦
préparation : 20 min
cuisson : 30 min

POUR 6 PERSONNES

- 2 capitaines (bars)
- 4 grosses tomates
- 1/2 oignon
- 5 cuillères de sauce marinade (voir recette page 149)
- 2 cubes de bouillon culinaire épices - oignons
- sel
- 1 piment
- thym, laurier
- 50 g de sauce ébène
- huile de tournesol

Recette originaire du : Cameroun

mbongo variantes

Sauce Mbongo au sauté de porc

sauce ébène au sauté de porc

difficulté : 🌶 🌶
préparation : 20 min
cuisson : 40 min

POUR 6 PERSONNES

- 500 grammes de rôti ou de rouelle de porc
- 4 grosses tomates
- 1/2 oignon
- 5 cuillères de sauce marinade (voir recette page 149)
- 2 cubes de bouillon culinaire épices - oignons
- sel
- 1 piment
- thym, laurier
- 50 g de sauce ébène
- huile de tournesol

RECETTE ORIGINAIRE DU :
Cameroun

Coupez le porc en morceaux de taille moyennes. Plongez-les pendant cinq minutes à feu vif dans un bain de friture.

Faites revenir l'oignon coupé grossièrement dans un peu d'huile. Ajoutez les tomates mondées et coupées en petits morceaux. Laissez mijoter à feu doux jusqu'à obtention d'une purée. Ajoutez alors la marinade, le thym, le laurier, les cubes de bouillon, les sachets de sauce ébène. Ajoutez 1/2 litre d'eau. Augmentez la puissance du feu et laissez réduire la sauce pendant 15 minutes après le début de l'ébullition.

Ajoutez alors les morceaux de viande dans la préparation. Ajoutez 1/2 litre d'eau. Salez. Après ébullition, laissez mijoter à feu doux pendant 20 minutes pour permettre à la sauce de réduire et à la viande d'achever sa cuisson.

Posez un piment sur la préparation à la fin de la cuisson.

Sauce Mbongo à la viande de brousse

sauce ébène à la viande de brousse

difficulté : ❦ ❦
préparation : 20 min
cuisson : 50 min

POUR 8 PERSONNES

- 1,5 kg de gibier
- 4 grosses tomates
- 1/2 oignon
- 5 cuillères de sauce de marinade (voir recette page 149)
- 2 cubes de bouillon culinaire épices - oignons
- sel
- 1 piment
- thym, laurier
- 50 g de sauce ébène
- huile de tournesol

Recette originaire du :
Cameroun

Découpez le gibier en 12 morceaux.

Faites revenir l'oignon coupé grossièrement dans un peu d'huile. Ajoutez les tomates mondées et coupées en petits morceaux. Laissez mijoter à feu doux jusqu'à obtention d'une purée. Ajoutez alors la marinade, le thym, le laurier, les cubes de bouillon, les sachets de sauce ébène. Ajoutez 1/2 litre d'eau. Augmentez la puissance du feu et laissez réduire la sauce pendant 15 minutes après le début de l'ébullition.

Ajoutez alors les morceaux de gibier dans la préparation. Ajoutez 1/2 litre d'eau. Salez.
Après ébullition, laissez mijoter à feu doux pendant 30 minutes. Posez un piment sur la préparation à la fin de la cuisson.

Trucs et astuces

- Il faut goûter de temps en temps pour éviter que la viande ne ramollisse trop.
- La viande de brousse est du gibier (sanglier, chevreuil...)

L'Aubergine

En sanscrit « *vatin gana* », en persan « *badin gen* »,
en arabe « *al badi gen* », en espagnol « *alberengena* » :
il suffit de suivre le cheminement linguistique de l'aubergine pour avoir une idée très précise de la route qu'elle a parcourue pour aller de l'Inde jusqu'en France où elle arrive au XVe siècle.

Mais cette plante potagère aux fruits violacés ressemble beaucoup à la sinistre mandragore, la plante des sorciers qui ne pousse que sous le gibet des pendus ! Cette réputation sulfureuse vaudra à l'aubergine d'être reléguée comme mets peu recommandable et même dangereux, responsable de maladies telles que le cancer, la lèpre et l'épilepsie.

Au milieu du XVIIIe siècle, l'aubergine ne sert qu'à confectionner des cataplasmes pour soigner les brûlures et les inflammations. Elle fait enfin son apparition dans les assiettes des Parisiens en 1825.

L'aubergine africaine est beaucoup plus petite que sa cousine européenne. De la taille d'une tomate, c'est un légume amer. On l'appelle « *diakatou* » chez les Wolof du Sénégal, « *koumba* » chez les Mossi du Burkina et « *zong* » chez les Beti du Cameroun. Elle peut se manger crue ou cuite. C'est l'une des rares plantes potagères utilisées dans la cuisine traditionnelle africaine, où elle sert essentiellement à agrémenter les plats. Cependant, les gourmets peuvent l'apprécier dans les rares recettes traditionnelles où elle est cuisinée seule.

« Diwongo est une AUBERGINE non comestible
dont personne ne prépare les semences.
Elle prépare elle-même ses semences. »

PROVERBE KONGO *

* Occupez-vous de vous-même si vous n'avez personne pour vous occuper de vous !

MISE AU POINT SUR LES AUBERGINES

Aubergines africaines de formes différentes

ZOOM SUR

le sanga

Ce plat camerounais, spécialité du peuple Béti (dans la région du centre), est un plat que l'on prépare au moment de la récolte du maïs.

C'est un plat de saison, pas très copieux : on peut le servir comme deuxième plat du repas avant ou après un ragoût. De ce fait, il a tendance à devenir un met de luxe car, habituellement, il est rare qu'il y ait plusieurs plats au cours d'un repas traditionnel africain !

La réputation du sanga n'est pas aussi prestigieuse que celle du ndolè ou du pépé-soupe qui sont des recettes très populaires. Pourtant les enfants l'adorent, en général, parce qu'on y met, dans sa préparation traditionnelle, des maïs entiers (nous proposons dans la recette de ce livre d'utiliser du maïs en boîte).

On se régale de sanga quand il fait froid, comme on mange une soupe pour se réchauffer, notamment pendant la saison des pluies, saison où il fait le plus froid en Afrique.

Nous proposons une adaptation de la recette traditionnelle qui introduit dans le sanga des zon, feuilles d'une certaine variété de courge, introuvables sur les marchés français. Nous avons remplacé les zon par des feuilles de saka-saka (feuilles de manioc pilées).

Au Cameroun, de plus en plus, on trouve le sanga partout, à la ville comme à la campagne. Le sanga n'est pas très connu sur le continent africain en dehors du Cameroun. Quand on y a goûté une fois, on en redemande généralement : c'est un plat très savoureux qui se digère facilement.

sanga

Coupez les aubergines en quartiers.

Ajoutez le saka-saka.

Mettez l'ensemble à cuire avec la sauce graine, l'écorce de l'arbre à l'ail et 25 centilitres d'eau pendant 20 minutes, à feu moyen.

10 minutes après le début de l'ébullition, ajoutez le maïs égoutté dans la marmite.

Sucrez, sale et ajoutez 25 centilitres d'eau.

Laissez réduire à feu moyen jusqu'à obtention d'une sauce onctueuse.

Trucs et astuces

- Cette recette peut être proposée comme entrée chaude. Il est préférable de la servir dans des bols.
- La consistance du plat ne doit pas être trop liquide.

difficulté : ♥
préparation : 10 min
cuisson : 60 min

POUR 6 PERSONNES

- 400 g d'aubergines africaines
- 150 g de saka-saka
- 450 g de maïs
- 20 cl de sauce-graine
- écorce de l'arbre à l'ail
- 1 cuillère à soupe de sucre
- 1 pincée de sel

Recette originaire de :

l'Afrique centrale

ratatouille d'aubergines

Mondez, épépinez et concassez les tomates. Réservez.

Retirez les pédoncules des aubergines après les avoir lavées et essuyées. Hachez-les grossièrement puis faites-les bouillir dans 1/2 litre d'eau pendant 15 minutes. Laissez mijoter la préparation jusqu'à réduction totale de l'eau en mélangeant régulièrement à l'aide d'une spatule en bois.

Ajoutez les tomates, les échalotes hachées, l'ail broyé et les cubes de bouillon culinaire émiettés. Ajoutez 1/2 litre d'eau, mélangez le tout et laissez mijoter à feu moyen pendant 30 minutes. Goûtez, salez et poivrez si besoin.

Truc et astuce

Les tomates fraîches peuvent être remplacées par des tomates entières pelées au jus que l'on achète en boîte. Le plat y perdra légèrement en saveur mais y gagnera en temps de préparation !

difficulté :
préparation : 20 min
cuisson : 45 min

POUR 4 PERSONNES

- 400 g d'aubergines africaines
- 3 tomates fraîches moyennes
- 4 échalotes
- 2 gousses d'ail
- 2 cubes de bouillon culinaire épices-oignons
- sel, poivre

Recette originaire du : Cameroun

Les Autres Légumes d'accompagnement

La patate douce, l'igname, le macabo et le taro sont des légumes qui se cuisinent de la même manière.

On peut les préparer en robe des champs, les bouillir, les cuire à la braise ou au four. Épluchés, tous ces légumes donnent de très bons résultats à la vapeur. Il faut prendre soin, préalablement, de les découper en petits cubes de 3 à 4 cm. On peut faire de très bonnes chips avec des patates douces ou des ignames. Quant à la purée de taro à la sauce jaune, c'est l'un des plats de base incontournable du pays Bamiléké, à l'ouest du Cameroun. Dans ce même pays, le macabo est le légume principal chez les Bassas. Le « mpélè macabo » est la recette des périodes de disette et le plat quotidien des familles à petit budget.

patate douce

Il existe un tubercule d'origine préhistorique, à la valeur nutritive élevée, qui pousse facilement, mûrit vite, produit une nourriture abondante par rapport à l'espace utilisé pour le planter, se conserve bien et a bon goût : c'est la patate douce.

Contrairement à ce que l'on pourrait croire, la patate douce n'est pas apparentée à la pomme de terre, même si elle peut se préparer et se cuire de la même façon, son temps de cuisson étant à peu près identique. La patate douce est plus sucrée que la pomme de terre, aussi son utilisation est-elle plus variée.

C'est une excellente source de vitamine A et de beta-carotène.

Dans certaines régions d'Afrique, la purée de patate douce, à laquelle on ajoute une très petite quantité de lait de coco, constitue un bon aliment de sevrage pour les nourrissons.

igname

Découverte par Christophe Colomb alors qu'il faisait escale à Cuba, l'igname n'a pas vraiment de terre d'origine mais de nombreuses terres d'adoption, parmi lesquelles l'Afrique de l'Ouest.

Il vaut mieux l'acheter sans rides et sans tâches. On peut le conserver comme la pomme de terre pendant quelques mois dans un endroit frais et sombre. Sensible au froid, l'igname accepte difficilement des températures inférieures à 10 ° C. Une fois pelé, il est important de le rincer longuement à l'eau chaude pour en retirer l'amidon.

Au Nigeria, les notables des communautés agraires ne touchent jamais un igname avant d'avoir apaisé la faim des dieux. Si un homme convoite une femme et veut demander sa main, il doit d'abord démontrer qu'il peut faire vivre une épouse et posséder au moins 200 racines d'ignames. Au Nigeria, l'igname fait partie du menu national. Au Ghana, par contre, c'est un plat de bienvenue que l'on sert aux hôtes importants.

macabo-taro

Taro et macabo sont des tubercules que l'on peut aisément confondre à cause de leur apparence presque semblable : le taro a une forme cylindrique, le macabo est plus évasé vers le bas.

Au Cameroun, taros et macabos sont presque toujours consommés à l'état frais. Le type de cuisson varie selon les régions.

Le taro est recouvert d'une épaisse peau brune, rugueuse et velue et renferme une chair farineuse et sucrée. Il contient un liquide collant : pour l'éplucher, mieux vaut mettre des gants ou le peler sous l'eau courante. Le taro s'utilise comme la pomme de terre et il est meilleur servi très chaud. Il est riche en potassium.

Le macabo peut se consommer râpé ou bouilli, parfois frit ou cuit en robe de champ au barbecue.

« Espèce de feuille de macabo » est une expression plutôt méprisante qui définit quelqu'un dont l'extrême générosité confine à la bêtise : en effet, la feuille de macabo recueille l'eau nécessaire à sa tubercule et en fait profiter sa voisine, même s'il n'y a pas de voisine !

Le macabo est un légume qui ne fait pas l'unanimité. Il existe deux variétés de macabo : le macabo rouge, plus sec et le macabo blanc, qui a tendance à ramollir très vite.

Il est préférable de mélanger les deux quand on les cuisine, même s'ils ne sont pas facilement identifiables. Une petite partie de l'extrémité du macabo rouge est... rouge, l'autre reste uniformément grise.

« Le cabri regarde le visage de l'homme avant de manger l'IGNAME qu'il lui apporte. »

PROVERBE POPULAIRE AFRICAIN *

* Réfléchis avant d'agir !

MISE AU POINT SUR LES AUTRES LÉGUMES D'ACCOMPAGNEMENT

TARO

MACABO

IGNAME

PATATE DOUCE

ZOOM SUR

le mpélè macabo

Le mpélè macabo, tout comme le saka-saka, est le plat du pauvre par excellence, notamment chez les Bassa du Cameroun (au centre du pays). Le macabo est en effet un légume très bon marché, sa préparation est simple et rapide.

La démonstration la plus flagrante de cet état de fait se trouve dans le système carcéral camerounais : les prisonniers sont nourris avec des macabos bouillis à l'eau. L'administration pénitentiaire ne dépense même pas le prix de l'huile de palme pour agrémenter le goût de ces rations alimentaires extrêmement économiques.

La recette que nous proposons se prépare avec du poisson séché. C'est une variante de préparation du mpélè macabo d'un standing nettement supérieur au plat traditionnel cuisiné en Afrique où l'on ne peut s'offrir du poisson fumé ou de la viande séchée que si l'on a de l'argent.

Le mpélè macabo est meilleur accommodé avec une viande ou un poisson séché qui résiste au malaxage et offre aux papilles une consistance plus ferme qu'une viande ou un poisson frais.

CASSAVA
MALANGA
2€50
CASSAVA
PRODUCE OF COSTA RICA
NET WT 45 Lbs.

mpélè macabo

Sauté de Macabo

Retirez la tête, la peau et les arêtes du poisson. Faites bouillir une casserole d'eau. Arrêtez le feu puis plongez les poissons dans l'eau bouillante pendant 10 minutes. Les poissons s'émiettent un peu en se réhydratant.

Épluchez les macabos, découpez-les en petits cubes et faites-les cuire dans une cocotte emplie d'eau. Ajoutez le sel, le poivre et le bouquet garni. Cinq minutes après le début de l'ébullition, ajoutez l'huile de palme. Mélangez. Laissez bouillir. Ajoutez le poisson séché, le sel, le poivre, les cubes de bouillon culinaires, les échalotes finement hachées et le piment. Portez à ébullition jusqu'à réduction des 2/3 de l'eau.

Tournez en écrasant légèrement le macabo de façon à obtenir une sauce onctueuse. Retirez le thym et le laurier.

Terminez la cuisson pendant quelques minutes à feu doux.

Ajoutez les petites crevettes séchées avant de servir.

difficulté :
préparation : 10 min
cuisson : 40 min

POUR 8 PERSONNES

- 1,5 kg de macabo
- 1l d'huile de palme
- 250 g de poisson fumé
- 50 g de petites crevettes séchées
- 3 échalotes moyennes
- 1 bouquet garni
- 3 cubes de bouillon culinaire épices - oignon
- 1 piment
- sel, poivre

Recette originaire de :
l'Afrique centrale

fôlon aux crevettes

- Retirez la nervure principale des feuilles de fôlon, et hachez le tout. Blanchissez les feuilles de fôlon dans une casserole pleine d'eau bouillante avec une cuillère à café de kanwa pendant 15 minutes après ébullition.

- Passez les feuilles de fôlon sous l'eau froide et essorez-les complètement.

- Mondez les tomates et concassez-les.

- Épluchez et hachez les échalotes, faites-les revenir dans une huile à peine chaude, jusqu'à ce qu'elles deviennent translucides.

- Ajoutez la tomate concassée en même temps que l'ail pilé, le bouillon culinaire, la moitié d'un piment finement haché sans les pépins et le bouquet garni.

- Faites revenir l'ensemble pendant 10 minutes en essayant de réduire la tomate.

- Ajoutez les feuilles de fôlon en même temps que les crevettes, salez, poivrez et laissez mijoter le tout à feu moyen pendant 20 minutes.

Truc et astuce

Vous pouvez blanchir les feuilles de fôlon en ajoutant une cuillère de bicarbonate de soude à l'eau de cuisson.

difficulté :
préparation : 20 min
cuisson : 50 min

POUR 6 PERSONNES

- 1,5 kg de feuilles de fôlon
- 500 g de crevettes
- 4 tomates moyennes
- 3 échalotes moyennes
- 3 gousses d'ail
- 1 bouquet garni
- 15 cl d'huile de tournesol
- 2 cubes de bouillon culinaire épices - oignon
- 1 piment
- sel
- 1 cuillère à café de kanwa

Recette originaire du : Cameroun

préparation de légumes variantes

Chips de patates douces et d'ignames

difficulté :
préparation : 10 min
cuisson : 2 min

POUR 4 PERSONNES

- 100 g d'igname
- 100 g de patate douce
- huile de tournesol
- sel

Recette originaire de :
toute l'Afrique Noire

Épluchez puis lavez les légumes.

Coupez-les en rondelles minces et plongez-les dans un bain de friture pendant 2 minutes.

Couvrez le fond d'un plat de papier absorbant, placez-y les légumes pour éponger l'excédent d'huile.

Salez à volonté.

Macabo, taro, igname, patate douce vapeur

difficulté :
préparation : 10 min
cuisson : 30 min

POUR 4 PERSONNES

- 150 g de patates douces
- 150 g de macabo
- 150 g de taro
- 150 g d'igname

Recette originaire de :
toute l'Afrique Noire

Épluchez l'igname, la patate douce, le taro et le macabo. Découpez-les en dés de 3 à 4 centimètres.

Placez-les dans le haut d'un couscoussier. Remplissez le couscoussier aux trois-quarts d'eau.
Recouvrez d'un couvercle.

Laissez cuire après ébullition pendant 30 minutes. Vérifiez la fin de la cuisson en piquant l'un des morceaux de légumes avec la pointe d'un couteau.

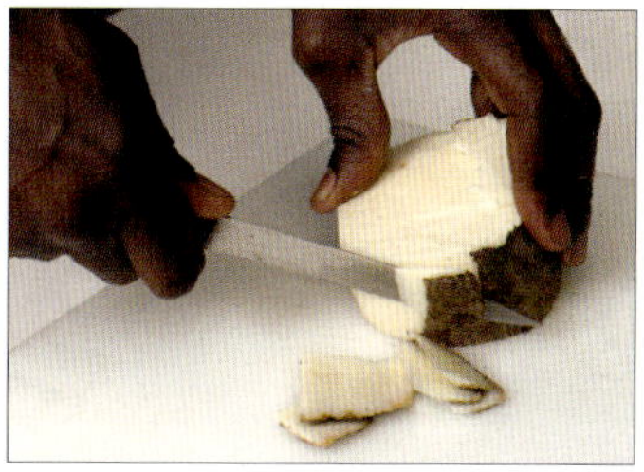

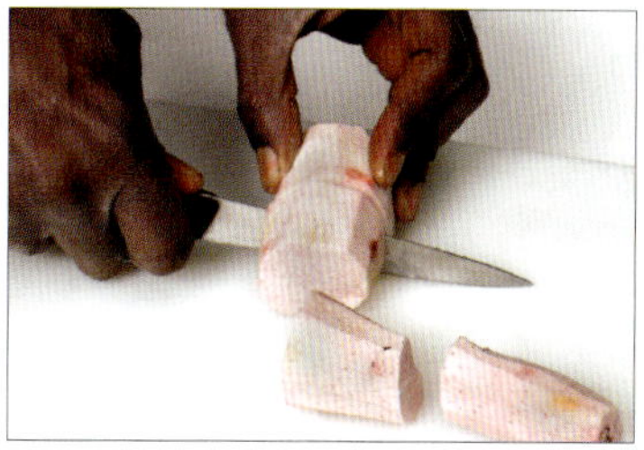

Macabo, taro, igname, patate douce au four

difficulté :
préparation : 10 min
cuisson : 20 min

POUR 4 PERSONNES

- 150 g de patates douces
- 150 g de macabo
- 150 g de taro
- 150 g d'igname

Recette originaire de :
toute l'Afrique Noire

Épluchez tous les légumes. Coupez-les en 4 ou 5 grosses tranches. Lavez-les à grande eau puis séchez-les.
Placez les morceaux sur une plaque de four recouverte de papier aluminium ou directement sur la grille du four préchauffé à 210 °C (thermostat 7) pendant 20 minutes.

Truc et astuce

Macabo, taro, igname et patate douce peuvent aussi se cuire à la braise, sur un barbecue.Il suffit de poser les morceaux sur une grille au-dessus des braises et de les retourner régulièrement jusqu'à ce que la pointe d'un couteau entre facilement dans leur chair.

Les Fruits

Les vergers et les forêts d'Afrique Noire regorgent de fruits, tous plus succulents les uns que les autres. Une sélection eut été des plus arbitraires ! Nous avons donc choisi de ne vous présenter que ceux qui rentrent dans la composition de nos desserts.

Papaye, ananas

La papaye est le fruit du papayer, appelé aussi arbre à melon. Elle est consommée comme fruit quand elle est arrivée à maturation, comme légume quand elle est encore verte ou comme épice pour ses pépins noirs qui, séchés et broyés, rehaussent le goût des plats en sauce.

Les indiens d'Amérique Centrale l'appelaient nana, ce qui signifie « parfum » : l'ananas est un drôle de fruit qui ne résulte pas de la transformation d'une seule fleur mais d'une inflorescence toute entière. Il est très efficace pour lutter contre les douleurs musculaires, la cellulite et l'excès de poids. Il attendrit la viande mais empêche la gélatine de prendre, fait tourner le lait mais se mélange très bien à la crème et au yaourt.

Citron vert, kiwi, mangue

Ces trois fruits sont particulièrement riches en vitamine C. Le kiwi est le fruit d'une liane robuste. Délicieux consommé nature ou en salade de fruits, il se marie très bien avec la volaille ou le poisson.

Surnommée « la pêche des tropiques », la mangue, quant à elle, est le fruit onctueux et sucré du manguier. Elle est mûre lorsqu'elle cède sous une légère pression des doigts et qu'un parfum capiteux s'en dégage.

« Aucun arbre n'a donné de FRUITS
sans avoir eu d'abord des fleurs. »

PROVERBE POPULAIRE AFRICAIN *

* Chaque chose en son temps !

MISE AU POINT SUR LES FRUITS

Ananas

Kiwi

Papaye

Citron vert

Mangue

ZOOM SUR

les desserts

En Afrique, le repas se compose en général d'un plat unique. De ce fait, la notion d'apéritifs, d'entrées et... de desserts est quasiment inexistante. Paradoxe pour un continent riche de dizaines de fruits plus savoureux les uns que les autres ? Oui et non.

S'il est vrai que la consommation de fruits ne fait pas partie de la tradition africaine, les habitudes alimentaires, comme partout sur la planète, évoluent. Les habitants des villes et des campagnes ont petit à petit pris conscience de l'apport nutritionnel et vitaminé formidable des fruits : ils en consomment donc suivant leur envie, leur faim, l'occasion qui se présente à n'importe quel moment de la journée. Les enfants, en revanche, en mangent beaucoup.

Cependant, il n'en demeure pas moins vrai que la majeure partie de la production fruitière africaine est destinée à l'exportation. Les plus belles bananes, mangues, papayes, goyaves, etc... tout comme les plus beaux légumes, partent à destination de l'Occident, essentiellement. La salade de fruits, néanmoins, est servie dans les hôtels, les réceptions officielles...

Le jus d'ananas est un ingrédient indispensable à la réalisation du jus de gingembre. Il existe un jus d'ananas « champagnisé » fabriqué en Côte d'Ivoire et commercialisé... au Koweït. Les Ivoiriens, quant à eux, n'en boivent jamais.

Nous proposons dans cet ouvrage trois recettes : salade de fruits, ananas au piment et crumble d'ananas. Ces recettes ne font pas partie de la tradition africaine. Elles sont simplement là pour répondre aux envies possibles de saveurs exotiques sucrées pour compléter un bon repas.

salade de fruits au citron vert

difficulté : ♥
préparation : 20 min

POUR 8 PERSONNES

- 1 ananas
- 1 citron vert
- 4 bananes
- 2 oranges
- 1 papaye
- 4 kiwis
- 2 pommes
- cassonade

Pour le sirop :

- 200 g de sucre en poudre
- 1 citron vert

Pour la préparation du sirop au citron vert, versez le sucre en poudre dans une petite casserole et couvrez-le d'eau. L'eau doit légèrement dépasser le niveau du sucre. Ajoutez le zeste et le jus d'un citron vert. Portez le tout à ébullition jusqu'à obtention d'un sirop. Laissez refroidir.

Coupez les oranges à vif.

Épluchez et épépinez la papaye.

Lavez et épluchez tous les autres fruits.

Coupez-les en petits morceaux et réservez-les dans un récipient.

Versez le sirop sur les fruits.

Râpez le second citron vert en zeste fin.

Ajoutez à la salade de fruits le zeste ainsi que la pulpe entière du citron vert. Laissez reposer une heure environ. Au moment de servir, retirez le zeste et la pulpe.

Servez très frais

Truc et astuce

Si vous préparez la salade de fruits la veille, ne mettez ni les bananes, ni les kiwis, qui sont des fruits qui noircissent.

ananas au piment

- Épépinez le piment. Hachez-le finement.
- Pressez le jus de citron dans un bol. Ajoutez une pincée de sel et le piment haché.
- Épluchez la papaye et retirez-en les pépins. Coupez-la en cubes.
- Épluchez l'ananas. Coupez-le en quatre dans le sens de la longueur. Retirez le cœur puis coupez chaque tranche en dés.
- Mélangez-les avec la papaye.
- Versez la sauce citronnée sur les fruits.
- Réservez au frais une heure avant de servir.

TRUC ET ASTUCE

L'ananas est plus facile à éplucher entier.

difficulté : ♥
préparation : 20 min

POUR 4 PERSONNES

- 1 ananas
- 1 citron vert
- 1 papaye
- 1 piment antillais rouge frais
- sel

RECETTE ORIGINAIRE DE :
l'Afrique de l'Ouest

crumble d'ananas

Épluchez l'ananas entier. Coupez-le en quatre tranches. Retirez le cœur puis coupez chaque tranche en petits morceaux. Faites-les revenir quelques minutes dans le beurre à feu moyen.

Préchauffez le four à 210° (thermostat 8).

Pour confectionner le crumble, mélangez le sucre, le beurre et la farine jusqu'à obtention d'une pâte sableuse.

Répartissez une fine couche de crumble au fond d'un plat préalablement beurré ou huilé, recouvrez-la des morceaux d'ananas. Saupoudrez-les avec le reste de crumble.

Laissez cuire 45 minutes dans le four à 210° (thermostat 8) jusqu'à ce que le dessus du crumble soit bien caramélisé.

Servez à peine tiède. Le crumble est délicieux servi avec de la crème fraîche épaisse ou de la chantilly.

difficulté : ♥
préparation : 30 min
cuisson : 45 min

POUR 6 PERSONNES

- 1 ananas
- 50 g de beurre

Préparation du crumble :

- 120 g de farine
- 100 g de sucre
- 100 g de beurre salé

Conseils Pratiques

Tous les fruits, légumes et produits présentés dans ce livre se trouvent très facilement dans les épiceries africaines, chinoises ou maghrébines. Les hyper-marchés proposent aujourd'hui des produits manufacturés, comme la pâte d'arachide, soit dans leurs rayons « spécialités étrangères », soit dans les rayons de produits de consommation courante. On les trouve également dans les marchés cosmopolites des grandes villes.

Nous avons intentionnellement omis de proposer des boissons pour accompagner les recettes. En terre d'Afrique, on boit de la bière locale ou du vin de palme, boissons que l'on peut aussi se procurer dans les épiceries spécialisées. Cependant, rien n'empêchera le lecteur de servir un vin blanc frais pour accompagner un poisson braisé ou un rouge corsé pour souligne la saveur d'un plat en sauce garni de viande rouge ou de gibier.

Dans de très nombreuses recettes, nous proposons de concasser et monder des tomates fraîches. Il est toujours possible, à la place, d'utiliser de la chair de tomates ou des tomates pelées en boîtes. Si le plat y perd un peu en saveur, le lecteur s'y retrouvera financièrement, surtout l'hiver, et gagnera également dix à quinze minutes sur le temps de préparation indiqué pour la recette.

Nous avons indiqué des quantités d'ingrédients pour 6 à 8 personnes, en général. En effet, la cuisine africaine se prépare en grande quantité, parce qu'il y a toujours beaucoup de personnes à table. Nous conseillons à nos lecteurs de respecter ces quantités, quitte à conserver au congélateur le surplus de nourriture en portions individuelles plutôt que de tenter de diviser les proportions indiquées par deux ou trois.

Avant de se lancer dans la préparation d'un repas africain, il faut avoir un peu de temps devant soi. La plupart des préparations doivent mijoter longuement !

Un puriste vous dirait que le pain est à proscrire absolument en mangeant un plat sénégalais, malien, camerounais. Le riz ou les autres légumes d'accompagnement le remplacent largement d'un point de vue nutritif. Nous pardonnons d'avance à nos lecteurs français qui ne pourront pas s'en empêcher.

Ce qui vaut pour le pain vaut pour le fromage. En Afrique, un repas est généralement composé d'un seul plat accompagné de diverses variétés de légumes. Sans fromage ni dessert. Là encore, nos lecteurs restent seuls juges en matière de gourmandise…

Le placard des ustensiles

Pour pouvoir réaliser toutes les recettes contenues dans ce livre, certains ustensiles sont absolument nécessaires. Ce sont, somme toute, les mêmes que ceux que nous utilisons dans la cuisine française. Car, aujourd'hui, loin des clichés d'une cuisine africaine qui ne pourrait se préparer que dans un contexte traditionnel, celle-ci est au contraire est à la portée de tous les amoureux de ses saveurs ancestrales !

- Le chinois ou passoire à mailles fines pour filtrer les ingrédients.
- Le mixeur pour broyer notamment les graines de courges ou les arachides.
- La marmite en fonte pour les plats mijotés.
- Le couscoussier pour les préparations à la vapeur.
- La rape traditionnelle avec tranchoir central pour découper en rondelles les bananes plantain.
- La friteuse pour les préparations nécessitant de frire viandes, poissons et légumes.
- Le couperet pour trancher la viande pour les fricassées.
- Le doseur pour respecter les quantités de chaque produit, liquide ou solide.

Table des ingrédients

Ananas

Arachides avec cosses

Pâte d'arachide en boîtes

Aubergines

Aubergines

Aubergines rondes

Bananes plantain « tournant »

Bananes plantain très mûres

Bananes vertes

Capitaine

Citronnelle

Citrons Verts

Fleurs d'Hibiscus séchées

Crevettes séchées

Djansan

Feuilles de Bananier

Feuilles de Folon

Feuilles de Manioc Pilées

Fombwa

Gingembre

Gombos

Graines de Courge

Graines de Courge en Poudre

Omi

Igname

Igname Jaune

Kanwa

Macabo

Machoiron

Mangue

Manioc

Manioc Attiéké

Manioc - Chikwan

Farine de Manioc

Manioc - Miondo

Manioc - Mitoumba

Morue Séchée

Ndolé

Noix de Mangues Sauvages

Oignons Blancs, Jaunes et Rouges

Papaye

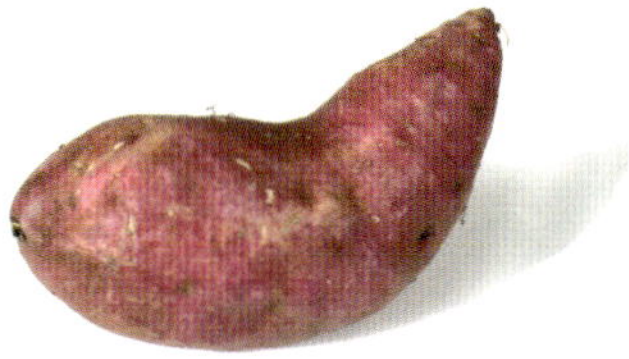

Patate Douce

Pépé Décortiqué

Piments

Poisson séché

Poivrons Jaunes et Rouges

Poudre de Mbongo conditionné

Poudre de Mbongo

Riz Cassé une fois

Riz Cassé deux fois

Riz Long

Saka-Saka

Taro

Thiof

Yet

Table des recettes

Sources bibliographiques

- Le grand livre des fruits et légumes, de Daniel Meiller et Paul Vannier, Éditions La Manufacture.

- Cuisines d'Afrique, de A. Villiers et M. F. Delarozière, Édisud.

- Le riz, de Theres Berweger, Éditions Philippe Auzou.

- Dictionnaire de proverbes et dictons, Le Robert.

- Les épices, de Pierre Delaveau, Éditions Albin Michel

- Guide des condiments et épices du monde, de François Couplan, Éditions Delachaux et Niestlé.

- Document « Les bananes » édité par le Centre de coopération internationale en recherche agronomique pour le développement (Cirad) en 1998.

- Sur Internet :

Proverbes africains sur www.nouchi.com
www.citationsdumonde.com

Pour la présentation des fruits et légumes :
www.legumes.ch
http://supertoinette.com
www.servicevie.com
www.saveurs.sympatico.ca
www.jardinsdumidi.com
www.cuisine-vegetarienne.com
www.meilleurduchef.com
www.fao.org
www.cameroun-online.com
www.wagne.net
www.cirad.fr
www.euro-ned.com
www.aprifel.com
www.kangaba.com
http://members.tripod.com
www.codina.net
www.jardinouvert.com
http://agora.qc.ca
http :/encyclopedia.yahoo.com
www.delinoix.com
www.marmiton.org
www.inra.fr
www.european-schoolprojects.net

Index